いのちの輝きにふれていたい

特養「せんねん村」魂のきずな

「せんねん村」施設長
中澤 明子

中部経済新聞社

はじめに

社会福祉法人せんねん村は、平成十一（一九九九）年八月二十日に設立されました。そして、特別養護老人ホームせんねん村は十三（二〇〇一）年一月、愛知県西尾市に開設された高齢者施設です。

敷地は、西尾市と幡豆郡三ヵ町（現在は合併して西尾市）が圃場《ほじょう》整備事業の余剰地を買い上げたものです。社会福祉法人せんねん村は使用貸借契約を結び、無償で借りています。建物を建設する資金も国と県からだけではなく、西尾市・幡豆郡三ヵ町からも補助金をいただくという非常に恵まれた条件で整備することができました。すべて税金から出ているということを認識して、全国でも良い施設として運営していかなければ地域住民に申し訳ないという気持ちを強くもちました。

候補地が二転三転し、そのたびに設計担当の建築家集団は図面を何度も描きなおすことになりました。その間、いろいろなアイディアを語り合うことができました。そして特別養護老人ホームせんねん村は、平成十一（一九九九）年度と十二（二〇〇〇）年度の補助金をいただいて整備することになりました。ちょうど特別養護老人ホームに新型の全室個室・ユニット型が誕生する直前でした。

当時の私は制度変化のことは全く知らず、従来型の基準に従いながらも全室個室にする方法はないかと模索していました。そして、建築家たちとあちこちの施設を見学しに行きました。

その結果、皆が気づいたことを形にしたのがせんねん村の建物です。開設したときから、そのユニークさが評判となりました。開設後二年間は年間三千五百名以上の見学者が、全国から訪れました。今でも「以前来たけれどとても良かったので、また来ました」と訪れてくれる人もいます。韓国など海外からの見学者もあります。

現在では特別養護老人ホームせんねん村をはじめショートステイせんねん村、西尾市地域包括支援センターせんねん村、デイサービスせんねん村、ケアプランセンターせんねん村、ヘルパーステーションせんねん村の事業体に加えて、サテライト施設が西尾市内数カ所に設置されています。

また、高齢者介護サービス事業だけでなく、保育園を二カ所運営するなど十六年目に入り、社会福祉分野にも歩を進めています。保育園では病後児保育と障害児保育も行っています。こうした取り組みは、西尾市内の保育園ではただ一カ所です。

そして、市内で最大の特別養護老人ホーム矢曽根《やぞね》を平成二十六（二〇一四）年十月に開設することができました。この施設には、せんねん村の開設準備をしているときから「次の仕事は子どもたち」と思っていたことの延長線上にある児童クラブを併設しています。

何か一つ手がけると次の課題が見えてくることの繰り返しです。平成元（一九八九）年に、医療法人仁医会で愛知県第一号の老人保健施設を開設して以来、習慣になってしまったかのようです。

介護の仕事に携わっていますと、誰のために、どう介護していくのか、そして、そもそも人はなぜ生きるのかを考えざるをえません。これは私の個人的な問題でもありますが、現在の、そしてこれからの日本にとっても大変重要な問題でもあります。

開設以来十年が経過した時、偶然にも複数の人から「本を書いたら」と勧められました。過去をふりかえることが嫌いでそんな気は毛頭ありませんでしたが、これも何かのご縁なのかなと思い、一念発起原点に立ち返り、また事業の展望を考えてその想いを多くのスタッフや関係者と共有したいと思いました。

私はこの本の中で、せんねん村の誕生以前から抱えていた高齢者ケアに関するさまざまな思いについて述べたいと思っています。また、その問題意識を解決して具現化しようと試みた取り組みや、その結果として社会福祉法人せんねん村が短期間に急成長してきた歩みを書き残したいと思っています。

そして、それ以上に触れておきたいのは、せんねん村でつくり上げてきた様々な仕組みや誕生の経緯と仕組みのメンテナンスについてです。せんねん村の「クオリティー・ケア・マネジメント・システム（QMS）」についても筆を進めます。

マネジメント・システムは、システムであるがゆえに常にメンテナンスを必要とすると考えています。それは、ITシステムが常にメンテナンスを必要とするのと同様ではないかと思います。しかし、絶対に変えてはいけないことがあることもよく分かりました。サービスの質など崩そうと思わないでも、誰か一人が手を抜けばガラガラと崩れ落ちるものだということを何度も経験しました。

これを、崩さないためにはどうしたらよいのか？　せんねん村がどのように質を維持しようと奮戦しているかについても公開します。

一般論で言えば、徹底すること、追求し続けること、できていると思いこまないことなどと言えるでしょう。「気を緩めることの危険性を熟知して、常に警戒している」ことが、施設管理筆頭責任者として求められると思っています。トップがどれだけ危機意識を持ち続けることができるかが問われているのかもしれません。

現場職員が頑張ってくれていることは重々承知しています。それでも個別ケアという一つのケアの方法を表わすものは千差万別であり、それぞれの理解が異なれば具体的なケアのイメージも異なり、結果として異なるケアとして現場で実践されることになるでしょう。

これを標準化するにはどのようにしたら良いのかを求め続けてきたのが、これまでの、そしてこれからも続くせんねん村の歩みです。

第二特別養護老人ホーム開設を記念して一冊の本にまとめたいと願っていました。しかし、平成二十六（二〇一四）年一月二十九日に膠原病の発症で緊急入院することになりました。幸いに発見が早く、検査と治療を同時並行させるという医師の判断で、入院したその日から治療が始まりました。

二月十六日には確定診断がついて、難病に認定されました。ウェゲナー肉芽腫症という日本では非常に患者数の少ない難病ですが、確定診断がされずに予防のためにステロイド剤と免疫抑制剤を処方されていたころと比べれば、はるかに精神的にも晴れやかなものがあります。

一生、免疫抑制剤を服用し続けなければなりませんし、マスクも手放せませんが、せんねん村では神経質にならなくても大丈夫です。せんねん村は自然豊かな環境をつくってきましたので樹木もたくさんあります。ドングリを拾って苗床で発芽させ、ポットに植え替えて数年して育った苗を植えた木々が、見上げるほどの高さに成長しています。難病を抱える私にとって居場所として最適です。

ここが　わたしの　いばしょ
　さだめれば　こころおろせる（大潤祖玄師・詩）

せんねん村のいたるところに掲げられている書額の一つです。私の好きな詩のひとつです。

私の病気を担当してくれる名古屋医療センターの医師をはじめとする皆さんのチームワークと情報ネットワークの素晴らしさは、マネジメントを業とする私にとって本当に学ばさせていただくことばかりです。

急性期医療と介護事業と分野は違いますが、徹底すること、確認することが「これでもか」と言わんばかりに行われていることを感じて、一歩でも近づきたいと思っています。

このような状態になったために、一時は執筆をあきらめざるを得ないと思いました。しかし、編集担当者は「時間はどれだけかかってもよいので、書いてください」と励ましてくれました。
最新の治療法を試みてくれる医療センターのおかげで、ステロイドで悪化した緑内障も眼圧がコントロールでき、徐々に視力も回復してきました。毎日、少しずつでも書いていくことで完成をめざしました。

ひとつ　ひとつ　　いっぽ　いっぽ

祖玄師がほほ笑んで見守ってくださっているようです。
励ましてくださるすべての方々に深く感謝致します。

いのちの輝きにふれていたい　◉　目次

はじめに

序章

特養をつくりたい

◉両親の影響　20
◉母ゆずりの性格　21
◉天命を悟る　22
◉特養をつくりたい　25
◉特養をつくる場所を探して　28
◉紆余曲折、遠い道のり　30
◉西尾市「しあわせの里構想」　32
◉地域に密着する　35

第1章

開　村

◉はじめに理念ありき　40
◉理念が誕生するまで　44
◉せんねん村の建築様式の発想　48

第2章 ケアのこころ

●お年寄りにとって居心地の良い住まい　52
●せんねん村の詩墨　56
●居場所・行き場所・隠れ場所　58
●認知症を考える　66
●誰にでも分かる言葉を探す　69
●認知症ケアマッピング　72
●「身体拘束ゼロ」を目指して　75
●閉じ込めない、拘束しない　79
●ケアのヒントは自分の暮らしの中にある　82
●「当たり前の暮らし」の継続　86
●「ケアはアート」　88

第3章　食はいのち

●最期までお口から　92
●食はいのち　食は戦略　94
●温柔食　99
●食事で生活リズムをつくる　102

第4章　個別・ユニットケア

●特養の成り立ちと課題　106
●支配的管理をしない　107
●ユニットケアはどうあるべきか　109
●ユニットケアと個別ケア　112
●理想と現実と志　117
●グループホーム開設へ　120
●理想の施設を追い求めて　123
●「自宅ではない住まい」　126

第5章 言葉の力

●理念を現場へ 130
●言葉の力 132
●パーソン・センタード・ケア 136
●真に安楽なケアを考え続ける 138
●思い込みで物事を進めない 140
●せんねん村キャリアパス・プロジェクト 142
●ニコちゃんマークでケアの見える化 144
●伝え方、教え方 146
●成長確認シート 149
●くどく、しつこく、何度でも、分かるまで 151

第6章 生きることは老いること

●生きることは老いること 156
●生と死を語る 158
●自分で決める自分の医療 161
●メイヨー・クリニックとの出会い 167
●食べて動いて、認知症予防 169

第7章 まほろばにしたい

◉プロの知識を在宅へ 174
◉地域包括ケアシステム 176
◉はじまる、新しい介護予防サービス 178
◉蟻の目と鳥の目 180
◉せんねん村が果たすべき役割 182
◉災害に強い施設づくり 183
◉地域の雇用を支える 185

第8章 覚悟をもって挑戦

◉安楽なケアへ、福祉機器の活用 188
◉手軽で効果大、スライディングシート 191
◉介護マイスター制度 193
◉せんねん村の基礎構造改革 197
◉専門性と互換性 200
◉技術伝承と制度改革 201
◉ダイバーシティー 204

◉ＩＴ活用でコスト削減プラスサービスの質向上　206
◉委ねる　208

あとがき

いのちの輝きにふれていたい

特養「せんねん村」魂のきずな

序章

特養をつくりたい

◉両親の影響

私は両親から「女の子らしくしなさい」と言われたことは一度もありません。父からは「膝が曲がるから正座しないように。日本人は正座するから膝が曲がっていて洋服が似合わない」、母からは「信念をもって生きなさい。姿勢を良くしなさい。あなたが大きいのではない、周囲の日本人が小さいのです」と、満洲（現中国東北部）での生活経験から常に言われました。

両親のもっとも華やかなりし頃のことです。領事館のパーティーに招待されると、母は背中の大きく開いたカクテルドレスで涼しげに装い、父は満洲航空のパイロットで軍属でしたから、軍の礼服を着て出席したようです。二人とも身長があり、「ロシア人に負けなかった」と少し自慢げに母は言っていました。

日本女性はもちろん和服ですが、「満洲でも夏は暑いのよ。そんな中で帯つきで汗かいていて気の毒だったわ」と思い出話を何度もしてくれました。

敗戦ですべての財産を失くし、体一つで郷里に引き揚げてきましたが、戦地に行っていた父の方が先に復員していたそうです。母は私と自宅を守っていたのですが、北鮮に疎開した後、ハルビンの満洲国軍医学校に在学していた兄の消息が分からなくなってしまいました。そこで「死なばもろとも。兄を置いては帰国できない」と自宅に戻ったそうです。

運よくハルビンから自宅へたどり着いた兄と再会することができて、一年後に引き揚げ船に乗りました。その一年間、母と兄はまんじゅうや餅などを仕入れては売り歩いて食いつないだそうです。

兄は私よりも十七歳上でしたから当時二十歳に近く、母にとっては心強い存在だったことでしょう。兄は「あれで商売の原点を学んだ」と後になって言っていました。母は「苦労させたからモノになったけれど、あのままのお坊っちゃんだったらダメだったわね」と言っていました。兄は年の離れた私を娘のように可愛がってくれました。父親が二人いるようでした。

◉母ゆずりの性格

母は旧制西尾高等女学校の第一期生でした。「女に学問はいらない」という時代でしたが、祖父がなかなかモダンな人で「一人息子の教育は自分がして江戸時代から続く造り油屋の跡を継がせるが、娘は嫁にやる身だから教育をつけておく」と四人いた娘全員を女学校に通わせました。

母は長女で、母親からは厳しく躾けられたそうです。ですから「これほどまでにする必要はない」と思って、私にはそれほど厳しくありませんでした。それでも、返事が遅い時と反応が鈍い時は厳しかったものでした。ビンタが飛んでくることもありました。

母は女学校の頃、先生の言うことが納得できないと「先生では埒《らち》が明かないから、校長室まで乗り込んでいった」と言っていました。どうも、私の性格や行動は母の影響が強いようです。

◉天命を悟る

母の決断の早さで、疎開の時や引き揚げの時に何度も助かったことがあったようです。引き揚げの知らせがあると、ごく短時間に支度をして出発しなければなりません。無蓋車に乗れれば幸いで、そうでなければ満洲の内陸部から徒歩で韓国の港まで行かなければならないのです。

「母の持っていた現金で無蓋車を借りることができて、助かった」

兄から聞きました。「お母さんはどうしてお金をそんなにたくさん持っていたの？」と尋ねましたが、「僕も分からないけれど、ともかく現金を持っていたよ」と答えました。

母はお金のことは何も言いませんでしたが、「兄が大人の男たちに食ってかかっていた」と言っていました。大の男が貨車に我先に乗ろうとするので、引きずりおろして「女、子供を先に乗せろ！」と言ったらしいのです。二十歳少し前で体も大きく軍医学校で鍛えられていましたから、体力はあったでしょう。正義感も強く、ずるい大人が許せなかったようです。

引き揚げ時の荷づくりでは毛布を持参した人が多かったといいますが、母は羽根布団を小さく丸めて持ち出しました。いわば寝袋と同じ効果です。毛布よりも温かくて軽く、体に沿って形を変えることができます。

船室に入ると空気が悪いからと、羽根布団にくるまってデッキで過ごしたそうです。船室に入っていた人が風邪などの感染症でバタバタと亡くなりました。子供は小さな御棺でしたから、すぐに分かったそうです。そのうちに御棺が足りなくなって「毛布に包んだだけで水葬した」と何度も聞かされました。

母のとっさの知恵には感動すら覚えます。その羽根布団は結婚するまで使いましたが、実に品質が良くて満洲時代の豊かな生活を垣間見ることができます。

与えられた高粱飯を私が全く食べないので、やせさせてはいけないとわずかな白米を鍋で炊いて食べさせてくれました。離乳が済んでいたにも関わらず、乳首をくわえさせたら止まっていたはずの母乳が出たそうです。おかげで、私はまるまると太って日本の地を踏むことができました。引き揚げ船の船医から「内地でもこんな健康優良児はいませんよ」と言われたと、少し自慢気に何度も話してくれました。

中国残留孤児はおよそ私と同年代の人が多いのです。何人もの中国人から「この子をくれないかと言われたけれど、日本の地を踏まさずに置いていくわけにはいかない。死なばもろともだ」と母は覚悟を決めていたようです。そして、それは私の運の強さでもあります。

残留孤児になっていても不思議ではなかった私です。「何かをするためにこの世に生まれてきた」と信ずる気持ちは、このような原体験からくるものでしょう。

自分の天命を悟ったのは、平成元（一九八九）年に「西尾老人保健施設（西尾老健）」を開設した時でした。素晴らしい人たちとの不思議なほど幸運な巡りあいで、愛知県第一号の老人保健施設をつくり上げたとき、「私はこの仕事をするために生まれてきた」と思わずにはいられませんでした。

返事が遅いと母が厳しく叱った背景には、引き揚げ時の混乱を生き抜いた人の知恵があったと思います。瞬時の判断が運命の分かれ目になることは多いのですが、今の私が母と同じ境遇にあったら、母と同じ決断と行動がとれるかどうか自信はありません。

母の面影を法隆寺の百済観音に見た私は、時々会いに行きます。

ははの　みつめてくださった　あのめで　いつもみつめていたい

（大潤祖玄師・詩）

◉特養をつくりたい

特別養護老人ホーム（特養）設立に向けて、動き出したころについてお話しましょう。現在の介護保険が、平成十二（二〇〇〇）年度に導入されるよりも十年以上も前のことです。

西尾老健を開設して間もない三月十三日、愛知県高齢化対策室の室長が県の開設する西尾市内の特養を訪問したついでに、見学にみえました。食堂の木製のテーブルをさすりながら「民間はこんなに頑張る。県は中庸をいく」と言われたものです。

県の特養の顧問医をしていた私の兄は、西尾老健の施設長になってくれていましたが、それを聞いて「県のサービスは中庸どころか最低だ」と言いました。確かに私も兄に同行して県の施設を訪れたことがありますが、尿臭はするし、どんよりと空気はよどんでいて、ここで最期までを過ごすのかと思うと暗たんたる思いがしたものです。アメリカでは「臭いのする施設はよくない施設」と、まず言われます。

視察のお礼に高齢化対策室へあいさつに行ったところ、副室長がクラスは違いましたが同じ高校の出身でした。その奇遇に驚きました。そこで、「特養を見学に行きたいと思うけれど、どこかお奨めのところを教えてください」と相談すると、長久手町（現長久手市）の「愛知たいようの杜」と東三河の東栄町に県が開設した「やまゆり荘」を教えてくれました。

早速、たいようの杜を見学に行きました。雑木林の中に建物があり、内部は木材が多用してあります。これまで見てきた施設にはなかった雰囲気です。「設計者はどなたですか?」と尋ねると、理事長の友人で住宅設計を主に手掛けている人だということがわかりました。そこで私は、特養は生活の場だから建築家も住宅設計の視点がある人の方がいいかもしれないと実感しました。

当時、たいようの杜はオープンして三年で、「これまでにない施設」というふれこみから新聞にも取り上げられていましたが、施設長の「いつまでも素人というわけにはいかない」と語っていたのが印象的でした。

特養では、多くの場合、県庁の元職員が施設長をつとめていました。新規の社会福祉法人はそういう人に設立に関する書類の作成などを行ってもらい、そのまま施設長になってもらうことが多かったようです。

たいようの杜ではいろいろな部屋を視察しましたが、静養室に関してはひと工夫必要だと思いました。八畳ほどの和室に仏壇が置かれ、欄間には亡くなった方の写真が飾られていましたが、薄暗く何とも言えない空気が満ちていて霊安室としても使われていると思われました。

居室は四人部屋で、症状が悪化した人は静養室に移されます。回復して元の部屋に戻る人もいるでしょうが、そのまま他界する人もいるでしょう。私はそれを見て「たとえ悪化しても部屋を移動させることはしたくない」と思いました。そして、住み慣れた部屋で最期まで過ごしてもらうためにはどうすればよいのかを考えました。

まだ介護保険制度導入以前で「措置」の時代でした。措置というのは、福祉援助が必要な高齢者に対して行政が税金を使って必要なサービスを提供することです。行政処分で入・退所が決められていたとはいえ、人間が一生を終えるときには「長年、ご苦労様でした。安らかにお眠りください」と見送りたいというのが私の思いでした。同時に最期までを過ごす施設は、やはり「生きていてよかった。ここの生活は自宅ほどではないけれど決して悪くはない」と思っていただけるようなものにしたいという願いもありました。

そのためには「居室を個室にする」というのが最低条件でした。個室なら症状が悪化しても移動しなくてすみます。私自身が、毎日の生活でも個室でなければ耐えられない暮らし方をしていますので、余計にそう感じざるを得ませんでした。あらためて「自分が入っても良いと思える施設をつくりたい」と思いました。

◉特養をつくる場所を探して

「特養をつくるのは、社会福祉法人でなければいけない」

このことは承知していましたが、どのようにしたら社会福祉法人が設立できるのかは見当がつきませんでした。

平成にはいってすぐの頃は消費税が導入された直後でもあり、厚生省(現厚生労働省)は具体的な施設の整備目標数値を示すようになっていました。いわゆる「ゴールドプラン」です。そして、あちこちの市町村では特養の設置者の公募が始まっていました。当時はまだバブルの頃でもあり、財政は豊かで、行政が土地を用意してくれるところも多かったようです。

ある日、武豊市が公募するという情報を得ましたので、候補地を見に行くことにしました。地図を頼りに薄暗くなるまで探しました。やっと見つけたその土地は、町からずいぶん離れた里山の付近でした。

「ここにつくったら、寂しい施設になるだろうな」

夕暮れの中で、自分自身が感じた寂しさを照らしてこう思わずにはいられませんでした。今はそんなことはありませんが、若い頃は夕方になるとなぜかもの悲しい気持ちになったものです。

「つくるのなら明るい施設にしたい！　人の出入りの多い施設にしたい」

西尾老健も同じような思いでつくりましたから、特養という〝終《つい》の棲家《すみか》〟であっても、できれば町に近い方が良いと思いました。

特養をつくる場所を求めて、どれほど探したことでしょう。あちこち走り回りました。西尾老健の開設で「ほとんどのパワーを使い尽くした」と感じていましたから、充電を兼ねていました。動くことでエネルギーを生み出していたようです。私にとっては学ぶことが〝充電〟なのです。

◉紆余曲折、遠い道のり

その後、西尾市の隣の安城市でも公募するという情報が入り、市役所に行きました。安城なら市の担当者は、西尾老健の設立者と知って乗り気になってくれたようでした。しかし、自己さほど遠くはありません。土地も市が用意してくれるという好条件です。しかし、自己資金は必要です。それもなしで整備させてもらえるほどの信頼はありませんでした。

しかし考えに考えた末、やはり時期尚早と手を上げない旨を安城市に伝えしました。悔しかったですが、実力がないのですから仕方ありません。

そうこうしているうちに、診療所や西尾老健を設計してくれた会社が「隣の幸田町が公募している」という話をもってきてくれました。よく分からないままに、設計会社の担当者に連れられて幸田町役場や県議会議員の自宅に行きました。

知識も十分ではありませんでしたが、自分一人で一生懸命書類を作成しました。西尾老健をつくるときもそうでしたが、新しいことを始めるときはいつも一人なのが私のならいです。つまり、スタッフが十分でなく、他に人手が割けないような状態で挑戦していくのです。

幸田町役場には何度も足を運びました。担当者とも親しくなり、世間話ができるようになりました。「西尾は近いから」と応援してくれる職員もいました。

書類審査で二社が残り、幸いにもその中に入ることができました。その二社で審査会のヒアリングを受けることになり、会場へは一人で行きました。もう一社は新城市にある社会福祉法人で、理事長である女性とその子息が来ていました。

結果は、新城市の既設法人に軍配が上がりました。

「これほどやっても出来ないのだから、特養はあきらめるべきなのか？」

一人黙想しました。目をつぶり、自分の中の声を聴いたのです。

「あきらめるの？　あきらめて納得できるの？」

「やはり、私は私らしく特養をつくりたい…」

「自分らしさを曲げなければ特養はつくれないの？」

「これほど一生懸命動いてもダメなのは、私自身がまだそれだけの人間になっていないからではないの？」

「あきらめられないのなら、自分を磨こう。もし、私が高齢者ケアを仕事とする星の下に生まれているのなら必ずその時は来るだろう。老健をつくったときに、この仕事が自分の天命だと思ったのではなかったの？　それなら、その時が来るまで自分を向上させなければ天命を果たせないのではないの？」

「終の棲家をつくるのなら、誰もが安心して最期まで暮らせるものにしよう。それには専門分野だけではなく、幅広く学ぼう」

月の光が差し込む自分の部屋で座禅を組み、じっと考えて得た結論でした。これこそが、まさに〝覚醒〟の期間でした。

◉西尾市「しあわせの里構想」

このようにいろいろな土地で経験を積んでいきましたが、できれば西尾市か幡豆郡の三町内につくりたいという思いは強くなるばかりでした。自分が育ち、結婚し、地域密着の仕事をしている土地につくりたかったのです。

その頃、西尾市は四期十六年続いた市長から新しい市長に代わりました。一期目の公約の中には「シルバーエリア構想」がありましたが、一期目には実現せず、二期目にはそれが「しあわせの里構想」に変化しました。それは、高齢者施設や重度身体障害者施設、精神障害者施設、知的障害者施設を一群の集合体にして整備するという構想でした。

担当の福祉課長は、市が行政評価委員会を設置したときの企画課の課長でした。私は初代行政評価委員の委嘱を受けて、他の二名の委員とその課長と共に新潟市の行政評価委員会へ視察に行くなど旧知の間柄でした。

事業となれば永続性が問われます。医療法人が母体である社会福祉法人であれば、信用度は増します。それも地元の医療法人であればなおさらです。経営者の顔が見えるわけですから。

今がよい機会と特養の計画書を市長に提出しました。ともかく文書を提出することが重要な意思表示になることを知っていましたから、実行したのです。

提出以来、折にふれて福祉課に顔を出して世間話をしながら、「しあわせの里構想」がどのように進んでいるかをチェックしていました。ある日、「小牧の営利法人から西尾に土地を買って特養をつくりたいという話が来ている」という情報を得ました。市は「金を使わないで済むから認めたい」と前向きでしたからピンチだと思いましたが、そのまま引きさがるわけにはいきません。

「営利法人が進出してくるのを認めたら、しあわせの里構想が実現できないのではありませんか」

とっさにこんな言葉が出たのです。

「四つの施設を一画に整備するのが構想だったのではありませんか？　特養だけよそか

ら進出してくる営利法人が母体の社会福祉法人につくらせたら特養だけ別の場所になって構想そのものが崩れますし、『公約違反』と言われかねませんよ」

課長は反論しませんでした。ともかくくさびだけは打ちましたから、それが認められずに営利法人に機会が与えられても仕方ないと思っていました。

こちらの強みは地元の医療法人であり、愛知県第一号の老人保健施設をつくり、高齢者ケアのノウハウがあることくらいです。財力からいえば、恐らく営利法人のほうがあるにちがいありません。どちらを重視するかは市が決めることだと静観することにしました。

一カ月ほどして西尾幡豆医師会の理事会が開催されたとき、市から「営利法人による特養建設について意見が欲しい」と問われた会長は、「営利法人みたいな金儲け主義のところに特養をやらせることはできないから、中澤君のところでやってもらえないかね」と私の夫に言われたのです。

夫であり、医療法人仁医会理事長の中澤仁は、私が市役所に計画書を提出していることはもちろん知っていましたので、「やらせていただきます」と返事をしました。幸運の女神がほほ笑みました。

◉地域に密着する

こうして、西尾市に特養をつくることが決まりました。圃場整備事業の進展などの関係で候補地が二転三転しましたが、せんねん村の場所も決まりました。事務的な手続きが済み、補助金の内示が下りれば着工です。

有り難いことに、国と県、西尾市だけでなく幡豆郡三ヵ町もこのプロジェクトに参加することになり、土地だけでなく、建物にも補助金を出してくれることになりました。これほど恵まれた整備事業はめったにありません。

市長が公約した「しあわせの里構想」の一環であったため、このように恵まれた状況になったわけです。私は、〝西尾にせんねん村あり〟と言われるような良い施設にして、市・県・国に恩返しをしたいと思いました。

そして、土地が本格的に決まったとき、周辺の農家に迷惑をかけないようにしたいと思いました。そこで雑草を刈り取る作業を、就職が内定していた新入職員や転籍が決まっていた医療法人の職員の助けを借りて数回行いました。

まだ、使用貸借契約も結んでいなく、施工業者も決まっていないときでした。しかし、何人かの若者と一緒に草刈り機を持って造成された土地に入りました。敷地だけでなく、溝の法面も刈りました。何も建っていない一万平方メートル、約三千坪の土地は狭く感じました。

春に若草が伸び始めると刈り、梅雨に入る前に刈り、梅雨の晴れ間に刈り、梅雨が明けると刈りました。梅雨時の草の伸びる早さには驚くばかりです。そして、大地にしっかりと張った根の力強さにも驚かされました。

「雑草は農作物の大敵だ」と近隣の人に言われていましたから、気をつかいました。一方で、除草剤は使いたくないと思っていました。草刈りをするときは、隣の耕作地で野良仕事をしている人に必ず挨拶し、声をかけました。そのうちに農作物をもらうようになり、仲よくなりました。どなたに会っても笑顔で挨拶するようにと職員にも徹底しました。

また、法人での入会は前例がなかったようですが町内会にも入りました。こういうことが西尾のような田舎では大事だと、なぜかわかっていました。

町内会に入ったのだからと川ざらいにも出て行きました。見ると、女性は鎌で刈っています。どうも草刈り機は男性用で、女性が使うべきものではないようでした。しかし、私は欧米人の感覚が強くて、屈んだりしゃがんだりするのが苦手です。草刈り機を使うことにしました。

草刈り機を数台持って行き、女性にも「このほうが楽ですから、お使いになりませんか」と奨めました。赤いギンガムチェックのシャツに胸当て付きのジーンズ姿。アメリカの農家の女性のような姿で現れて、おまけに草刈り機を使うのですから町内の人たちは変わった人と思ったに違いありません。

そのような見られ方には慣れています。母もモダンでしたし、中澤の姑も京都育ちでモダンな人でした。「人は人、自分は自分」と言って聞かせたのは母でした。「大きなお世話と言っておやり」とも言いました。この地の出身でありながら、父も母も兄も長い大陸生活で、すっかり国際的な感覚の持ち主になっていたのでしょう。

しかしながら、姿はユニークかもしれませんが、やることはむしろ古風なことを大事にしています。年末には、神社にお神酒を届けることも欠かしません。頼まれたら「ノー」とは言わないのがこの地域に溶け込むコツのように思います。

開設後は、地域から何かクレームがあればすぐにおわびに出かけ、改善方法を書いた文書を示すようにしてきました。今では規模も大きくなり、幹部も育ち、部署長が責任をもって行ってくれています。頼もしい限りです。

在りし日の父

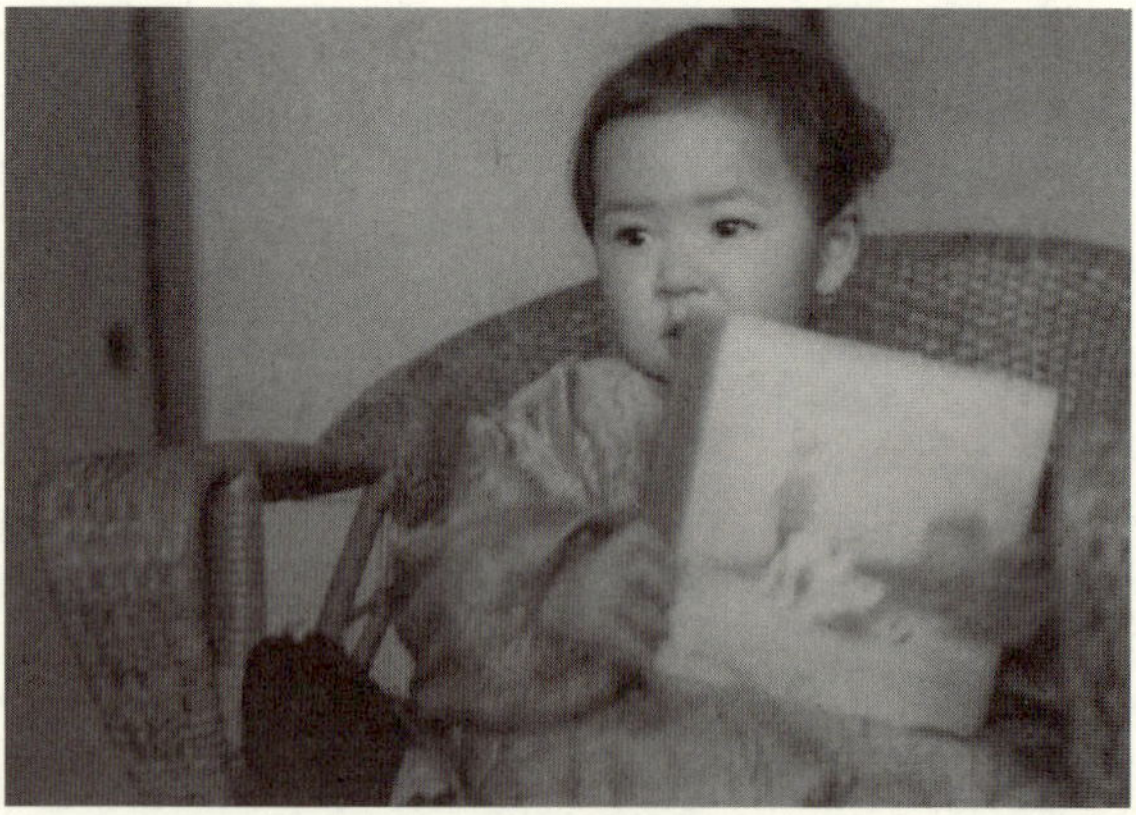

1歳半ごろの筆者

第1章

開村

◉はじめに理念ありき

こころ　のびのび
からだ　いきいき
いのち　きらきら

　せんねん村の理念は、ひら仮名書きです。このようにひら仮名書きの簡単な理念を掲げている施設は、これまでの経験では記憶にありません。入居者だけでなく、職員にもこの理念のように、こころのびやかで、からだも軽く、そして、きらきらと輝いていて欲しいと願っています。

　さらに、私の愛する西尾の市民がそうであり、西尾がどのいのちも大切にするまほろばであってほしいとも願っています。

　余談になりますが、特養をつくりたいと思いはじめたときから、名称は「いのち　きらら」にしたいと決めていました。ところが、既にきららの名前を使った生活支援サービス事業があり、商標登録してあると聞いて断念した経緯があります。

さて、ひら仮名書きの理論はとても簡単ですが、抽象的で何を表しているのか、かえって分かりにくいかもしれません。少し補足したいと思います。

「こころ　のびのび」について問われますと、「とらわれのないこころ」と説明しています。何にとらわれていないのでしょうか？　実は、これまでの施設運営の常識とされていることを全て否定しているといっても過言ではありません。

まず「支配的管理をしない」こと。最初からこれを重要視したいと思っていました。それは、せんねん村の建物を見るとわかっていただけるでしょう。玄関は施錠をしておらず、誰でも入ってくることができ、出ていくことができます。従来の施設では考えられない設計です。

このような設計コンセプトを生み出すことができたのは、数えきれないほど見学した国内外の施設から学んだからです。

次に「からだ　いきいき」ですが、たとえ病気や障がいがあっても、その人なりの体調の良し悪しの変化が日々の生活の中にあるはずと思っていました。生涯治らない病気や障がいを得たとしても、「今日は体調が良いわ」と言っていただきたいという願いをこめました。

そして、人生の最終ゴールまでの期間を過ごしていただく間、安心・安全・安楽・安寧な毎日を過ごしていただきたいと願いました。ひと言でいえば、せんねん村を「最期のいのちが輝くところ」にしたいという願いを言葉にしました。それが、最後の「いのち　きらきら」になりました。

この理念をひと言で表すとすれば、英語の「ＬＩＦＥ」が適当でしょう。これは、生活・人生・いのちを表します。日本語では、生活・人生・いのちはそれぞれ違った言葉で、関係が無いかのように思われがちです。

しかし考えてみますと、いのちがあるからこそ毎日の生活があり、毎日の生活が人生になっていきます。つきつめれば、毎日は瞬間の連続であり、それが一日となり、一週間となり、一カ月となって、そして長い年月になっていくのだと気づきました。

今、目の前にみえる入居者や利用者を大切にケアすることが、私たちの仕事です。これは、やはり「今　ここ」の気持ちが大事であると学んだ禅の教えから来ています。

また、アメリカの心理学でも〝Now and here〟と言われます。人は「今を生きている」のであり、過去を生きているのではなく、ましてや明日を生きているわけでもありません。そう気づいたときに、日々を大切にしようと思ったのです。瞬間を大切にするケアです。

さて、開村して二年間は見学者が絶えませんでした。訪問してくれる人にいつも同じような説明ができたほうが良いと思い、『ようこそ　せんねん村へ』というタイトルの説明資料を作りました。そして、その最後にせんねん村のミッションを書きました。その時、なぜかスラスラと次の言葉が出てきました。

「これまでの人生　いろいろあったけれど
せんねん村で過ごした日々が　いちばんよかったよ」
そんな村人さんの言葉が聞きたい。
最期のいのちの輝きにふれていたい。

せんねん村では、入居者のことを「村人さん」と呼んでいて、村人さんや職員は、施設長である私のことを「村長」と呼んでくれています。

一つエピソードをご披露しましょう。

開村十五周年が近くなったころ、家族が迎えに来てくれてはよく自宅へ帰っていた人が、「せんねん村のほうが良い」と帰宅されなくなりました。あるいは、帰宅しても予定より早く「部屋に帰りたい」と言って帰村する人もあるほどに、せんねん村は人生最期の時を過ごす場として親しまれるようになったようです。

そして最近は、入居者の百パーセントがせんねん村で最期を迎えることを希望されます。どうやらせんねん村は、終の棲家になることができたようです。

既に私は古希を越えました。六十五歳を過ぎて健康を害したこともあり、「理念」に込めた思いに間違いはなかったと自分自身の体やこころで実感しています。生涯治らない難病をいただきましたが、それはまるで、せんねん村のケアをもっと追究して質を向上させるために神仏が下さったかのようです。

そして、思い出のある場所を訪れますと、西行法師の歌を思い出すと同時にせんねん村の理念を思います。

としたけて　また　越ゆべきと思いきや
いのちなりけり　小夜の中山

せんねん村に入居される人は、生命力のある人だと思います。生命力がなければ亡くなっているはずなのです。まさに「いのちなりけり」です。

◉理念が誕生するまで

ところで、先にふれたせんねん村のシンプルな理念は、ある女性と思わぬところで巡り合ったことから誕生しました。

少し話はさかのぼります。

西三河南部開発懇話会の会員だった平成七（一九九五）年ごろ、事務局長からいろいろと新しい情報を得ることができました。事務局長は、新しもの好きの私の性格をよく知っていてくれていました。

当時、アメリカ・カリフォルニアのまちづくりで有名なスマート・バレー公社が、日本でスマート・バレー・ジャパン（ＳＶＪ）というボランティア団体を立ち上げましたが、そのメンバーに会える機会をつくってくれたのも事務局長でした。

メンバーの一人は岡崎市に本社がある全国でも有数の厨房機器製造会社の社長でした。同時にインターネットを通じて海外に日本語教育を提供していました。今では当たり前になっているネットワーク事業に先進的に取り組んでいたのです。

もう一人は、浜松にお住まいでした。インターネットをコミュニケーションツールと考えて活動していました。二人とも時代の先端をいっていました。

この二人に会った会合で、ＩＴに興味を持ちました。インターネットということばは知っていましたが、メールをやったこともないほどの〝ＩＴ音痴〟でした。

ただし、パソコンは藤田学園保健衛生大学医用電子学教室の岡島光治教授の研究生として医療管理学を勉強していたときに教えてもらいましたから、抵抗はありませんでした。当時、岡島教授が学会の実行委員会を務めた会場で、教室員がパソコン通信を使って連絡を取り合っていたことを思い出します。

その頃を思うと、ITの進歩はドッグイヤーどころではないと思います。最近のスマートホンの進化にはとてもついていけません。

さて、事務局長に初めてメールを送ってみましたが、その時「これほど簡単に使えるものはすぐに広まるだろう」と確信しました。同時に「こういうものを大衆が使えるようにするアメリカはすごい国だ」とも思いました。

何度もアメリカの医療福祉施設の視察に行っていましたから、医療機関がITを使って「コストを下げてサービスの質を上げる」取り組みをしていることは知っていたからです。

事務局長が私をSVJのメーリングリストに加えてくれました。面白くなって、暇さえあれば情報発信をしていましたら、いつの間にかいろいろな情報が集まってくるようになるのです。情報は発信する人のところに集まる性質があることを知りました。

メンバーの中にはサスティナブルコミュニティー（持続可能な地域社会）の実現を目

指して、さまざまな活動をしている人もいました。サステイナブルコミュニティーのパネルディスカッションが、震災後の復興が進んでいた神戸で行われると聞き、参加してみたのです。

そこで知り合ったのが日本のあるゼネコンの社員で、長年アメリカの子会社に勤務していた建築家でした。さらに、その人の紹介で知りあったのがアメリカに留学してホスピスや病院などに詳しいインテリアデザイナーの女性でした。

せんねん村の設計に女性の視点からさまざまなアドバイスが欲しいと考えていたので、帰国して日本で暮らし始めたばかりの彼女に来てもらうことにしました。そして、開設プロジェクト・チームで理念をつくるときに、彼女が今でいう〝ファシリテーター〟として導いてくれたのです。

こうして、理念づくりの最初にキーワードの「ＬＩＦＥ」が決まり、「こころと　からだは　いのち　そのもの」が、私と医療法人のメンバーに共通の思いとして広がりました。

この理念が基礎となってＬＩＦＥ、つまり「生活・人生・いのち」を考えていたとき、ふとこうやって考えているのも人生の瞬間なのだと気づいたことから、「瞬間を大切にするケア」を導き出すことができました。

ケアはポンと柏手を打つようなもので、形もなく瞬間に消える。どちらの手が鳴ったか分からないけれど、双方がピタッと合った時に素晴らしいケアとなるのです。ケアする側と受ける側のこころが一つになったときなのです。

その考えをラーメン屋店主で在家の禅僧であり、詩人でもある杉浦祖玄師のお店でラーメンをすすりながら話しました。師は大きくうなずき、「隻手《せきしゅ》の音声《おんじょう》」という公案（禅宗で参禅者に対して言葉で与える課題）を与えてくれたのです。

「片手で手を叩いたら、どちらの手が鳴るのか」

非常に難しい公案です。片手は見えても、もう一つの手は見えない。それでも音は鳴る。声に出して依頼される前に少しのしぐさや表情を察知して、すっとケアに入っていくことができたらどんなにか素晴らしいでしょう。難しいですが、それがせんねん村の目指しているケアです。

◉せんねん村の建築様式の発想

せんねん村の建物は、中庭を中心にして六つの棟が回廊で結ばれています。外周をめぐると、まるで建売住宅が並んでいるようにも見えます。

鉄筋コンクリート造りですが外部にも木材が使われ、内装は木材が主です。コテージかヒュッテのようにも見え、訪れた人からは「どこかのリゾート施設みたいだ」とよく言われます。この建物は、愛知県から「人にやさしい街づくり賞　特別賞」や「愛知まちなみ建築賞」日本医療福祉建築協会から「医療福祉建築賞」を受賞するなど注目を集めました。

なぜ、既存の施設とは異なるユニークな建物にしたかったのかについてお話しましょう。

特養の制度は、老人保健施設にくらべて歴史があります。昭和三十八（一九六三）年に老人福祉法が制定され、「特養」という名称で呼ばれるようになりました。以来、行政が医療機関に依頼して開設してもらうことが多かったようです。

夫が開業して間もなくの頃に通った医療経営セミナーのプログラムの中に、施設見学がありました。

見学した岡山県のある病院と特養には温泉が引かれていて、当時としては画期的なものでした。しかし、多床室で廊下の両側もしくは片側に同じような部屋が並んでいました。これは「病院モデル」と呼ばれる形式で、この特養は病院建築を参考にしてつくられていました。日本だけではなく、北欧ですら昔は同じだったようです。

人と同じことを好まない性格の私は、これまで見た特養と同じようなものはつくりたくありませんでした。以前デンマークで見た、部屋がぶどうの房のようなかたまりになっていた老人ホームが頭の隅に残っていたからかもしれません。終の棲家であるなら、グループホームをいくつか繋いだような形にできないかと思いました。

西尾市が提供してくれる土地に特養をつくることになり、設計コンペをすることにしました。こちらから建築コンセプトを提示して、それに従ってデザインを提案してもらう方式です。提示したコンセプトは次のとおりです。

①周辺の風景にマッチした建物
②暮らしの場であることを重視した建物
③個が大切にされる建物
④環境にやさしい建物
⑤自然の通風・陽光を感じることのできる建物
⑥汚れやキズが味や温もりになる建物
⑦高齢者が浮き上がらない建物

コンペに参加した四社の中から選んだのは、「愛知たいようの杜」に居候していた大久手計画工房大井事務所と鳳来町のキットプランニングの共同事業体（ＪＶ）です。

大井幸次氏は若いのですが、特養がどのように運営されているかを熟知していました。同じ名古屋工業大学の先輩であるキットプランニングの石榑繁樹氏は日本の山林が荒れていくことに心を痛め、木造建築を多く手掛けていました。

それぞれが個性的で、役割分担がきちんとされていて実に良いチームワークを見せてくれます。その二人に石榑氏の事務所にいた、千葉大学卒で新城市の鈴木達雄氏が加わり、三人の建築家がそれぞれ分担して設計していくことになりました。

市から提示された最初の計画地で図面を引き始めたのですが、圃場整備事業の進展と施設整備で地元との折り合いがつかず、候補地が二転三転しました。

候補地が何度も変わりましたが、プロジェクトチームにとってはそのぶんいろいろと議論することができましたし、実寸模型をつくって居室や個浴室について検討することもできました。

かねてから実寸模型で検討したいと思っていましたので、それが実現できてとてもうれしく思いました。図面だけで考えていますと、思わぬところで使い勝手の悪いものになったりするものです。実寸模型であれば壁が立ち上がってきますから、実際の部屋がイメージしやすくなります。

基準の面積で個室化を検討したのですが、壁があると部屋の面積が実感できて予想外に圧迫感を与えることがわかりました。また、部屋に入って突き当りは窓になりますが、両側は壁になります。少しでも居室面積を広く感じさせて有効に使いたいと考えました。

必死で考えると知恵は出てくるものです。何とか両側を窓にして、部屋と部屋の境はつくりつけの家具を入れ子にして、両側の部屋から使えるようにしました。「二個一」という方式で、一室を二室にして使います。家具の上は障子の欄間にして、隣の様子が分かるようにしました。個室ですとさびしいのではないかという意見があったからです。

後日談ですが、平成十五（二〇〇三）年には、全室個室ユニット型の施設が制度化されることになりました。そのとき、部屋の仕切りの上が欄間というせんねん村のハードを、ユニット型として認めてもらえるかどうか厚生労働省に相談に行きました。「個室というのは、他人の存在を感じないことだ」という指導を受け、欄間を板張りにしたという経緯があります。

◉お年寄りにとって居心地の良い住まい

せんねん村は建物そのものから雰囲気を変えて、これまでにない特養をつくりたいという思いを反映したものです。生活の場なのですから、お年寄りを緊張させない、ほっとしてもらえる建物にしたいと願いました。傷や汚れが味やぬくもりになる建物、お年寄りが浮き上がらない建物です。

考えてみてください。西三河南部の農業地区に建てられる建物が、ベルサイユ宮殿のようでは似合いません。入居される人たちが、大理石づくりの家に住んでいたとは考えられません。

せんねん村のある地域を見回しますと、大半の家屋は木造です。お年寄りの衣類も都会の人に比べますと地味で質素です。そんな服装のお年寄りが映えるのは、猫足の白い家具の置かれたロココ調の建物ではない。三州瓦の日本家屋の日の当たる縁側で、ゴロリとしている姿が最も似合うと思いました。それは、幼いころよく見た光景でもありました。

開設して間もなく、ある棟に行ってみますと日の当たる床に入居者が腕枕をして気持ち良さそうに眠っていました。その姿は、私の目にごく自然な姿としてうつりました。

そっと床に手を当てて、冷えていないか確かめました。ぽかぽかと温かく、冷えの心配はないようです。あまりに気持ちよさそうに眠っていますので、そのまま様子を見ることにしました。うれしくて自然に微笑みがこぼれました。お年寄りが浮き上がらない建物にしたいという願いは実現されたのです。

しばらくして、その後の様子を見に行きました。日差しが移動するにしたがい、日当たりの良いところを求めて入居者は移動していました。下には毛布が敷かれ、頭の下には枕もありました。たぶんスタッフが気づかってくれていたのです。これもうれしく、早速メールで全職員にうれしい気持ちと、続けて欲しい良いケアであることを伝えました。

従来の施設運営からいえば、そのようなところで眠らせておくのはとんでもないことだと思われるでしょう。あるいは、昼間眠らせると夜眠らないからと無理に起こす施設もあるくらいです。しかし、職員都合のケアを提供するのが嫌でした。ごく普通の生活ができる施設にしたかったのです。

職員都合で早く眠らせてしまえといわんばかりに、夕食が済むとじきにベッドに入れてしまう。あるいは睡眠薬を飲ませる。しかし、お年寄りに睡眠薬は禁物だと思っていました。何のデータも無かったのですが、直感的なものです。

私自身、仕事が超過密で眠れなくなったときに睡眠薬を使ったことがありました。寝つきが良く、目覚めの良いタイプが好きでした。確かに夢も見ずに眠りましたが、興奮状態であることは改善されず、薬の効果の半減期にあたる二時間半で目が覚めてしまったものです。それからは眠れずに、結局起きてしまうという生活が数カ月続きました。

老人保健施設を開設した当時のことです。ふらつきもあり、睡眠薬の弊害は自分自身が経験しています。お年寄りならなおさらのこと、その傾向は強まるでしょう。

開設当初、現場では眠たくもないのに無理にベッドに入れますので、当然のこととして眠れずにベッド上で起き上がり、立ち上がってふらついて転落する不適合が数件起きました。幸いに大きなけがにはなりませんでしたが、黙過できませんでした。

現場職員によるSHELL分析と要因分析を見ますと、きまって「認知症があり、ベッド上で立ち上がると転落することが理解できない」などと書いてありました。それを見て情けない気持ちでいっぱいでした。

私は説き続けました。

「あなたたちは、体調も悪くないし、眠くもないのに寝ますか。それが普通の生活でしょうか」

「眠いし、明日のことを考えるともう寝なければいけないけれど、面白いテレビ番組をやっているから見たい！　とついつい夜更かしをしてしまうのが普通の生活でしょう。中にはテレビを見るよりも本を読みたいという人もいるかもしれません。その人、その人の生活リズムに合わせた生活をしていただくようにしましょう。その人に認知症があっても、その人の生活リズムを大切にしましょう」

「眠くもない人を無理にベッドに入れて、眠れると思いますか。あなたは眠れますか」

今ではこんなことは起きませんが、こんな当たり前のことを説かなければならないのでした。人間の思い込み、潜在意識の根深さを教えられました。

◉せんねん村の詩墨

せんねん村の壁には、いたるところに大小の書が掛けられています。少し注意して見ますと、額が壁の色に合わせてあることに気づかれるでしょう。これらの詩墨は亡き杉浦祖玄師が「還暦の記念に書かせてください」と精魂こめて書いてくれたものです。

玄関を入った正面の壁に掲げてある円相に書かれた「だいじょうぶ」という大きな書は、せんねん村を訪れるすべての人に祖玄さんが告げています。またせんねん村の職員の心得として教育にも使われています。

せんねん村では入社した職員に、最初に次のことを教育します。
・「知りません」は禁句です。「ただ今調べます。確認します」と言いましょう。
・「担当ではありません」は禁句です。「担当はただ今不在ですが、私がかわってお聞きいたします」と言いましょう。

・「だいじょうぶです。何とかします」と言いましょう。

せんねん村は希望される人にすぐに利用していただけない状態が続くことが多いですから、不自由をおかけして申し訳ないと思っています。ともかく他の事業所のサービスにつなぐことで、家族の負担を軽くすることが先決です。それがこの言葉の意味です。ただし、緊急避難的に対応しないとお年寄りの身に危険がおよぶような時には、市からの依頼で特別に利用していただくこともあります。このようなケースで多く依頼が来るのは、「こういう困難ケースを断らないからだ」と市の担当者は言ってくれました。

私が少し変わっていると言われるのは、これを見捨てておけないのと同時に「職員の力量を上げるチャンスだ！」と思うからでしょう。

職員には「村長は言うだけだからいいなあと思うでしょう。実際にやっているのは皆さんですから。でも、これをやり抜けば皆さんの能力は上がり、せんねん村の評判も上がるのです。せっかくの成長の機会を失うのはもったいないですよね」と言い続けてきました。

「人のやりたがらないことをやる」という方針は医療経営でも貫いてきました。人のやりたがらないこととは、実は経営学でいえば競争が少ないということですから強みになると考えることもできますし、特徴づけることが可能となります。場合によっては、制度ビジネスでもオンリーワンになれるのです。

そのような計算を抜きにしても、福祉の分野であれば「困った人には手を差し伸べる」という思いは福祉経営者の〝たしなみ〟だと思います。

◉居場所・行き場所・隠れ場所

全室個室は計画当初からの希望でした。自分自身が「家庭内別居」と冗談で言うように、早くから夫婦別室にしているくらいです。特養となればなおさらのこと「個室でなければならない」と思っていました。

小さい頃から一人で寝ていました。父親のいびきが耳について眠ることができない神経質な子供でした。ですから、普通なら楽しいはずの修学旅行や団体旅行も大嫌いでした。大人になって経済力がついてからは、団体旅行でも特別に料金を払って個室を用意してもらっています。

そんな具合ですから「個室だと寂しいのでは」という意見は、どう考えても納得できません。一人になりたい時になれないほうがつらいのではないかと思うのです。寂しい時は人のいるところに行けば良いのです。

そう考えていた時に、ふと浮かんだ言葉が「居場所・行き場所・隠れ場所」でした。せんねん村には入居者の「居場所・行き場所・隠れ場所」がたくさんあります。

建物に死角が多いですから、見学者や実習生からはよく質問を受けます。

「死角が多くて見通せないのですが、入居者がどこにいるのか分からなくて困りませんか?」

答えは「大体、どの人がどこがお好きかわかっていますから、時々確認すれば大丈夫」です。

「こんなに開放的で、施錠もしていない。出て行ってしまわれる人はいませんか?」

答えは「たまにユニットから出て行ってしまわれる人もいますが、ほとんど敷地内で見つかります。ショートステイなど初めての人は特に注意していますが、無断外出傾向、帰宅傾向のある人はすぐにわかりますから、その時間帯に注意していれば大丈夫」です。

せんねん村の建物は直角が少なく、建物を結ぶ廊下がななめになっていたり、通路が曲がっています。そして、ちょっとしたところにすきまがつくってあって、そこで一人で過ごすことができるようになっています。

しかし多くの場合、人と接するひとときとぬくもりが欲しいのでしょうか。スタッフがいることの多い、キッチンのカウンター周りに出てくることが多いようです。これは、入居して間もなくの頃、スタッフが居室から案内する際に連れていくことが多いからでしょう。そのほうがスタッフも安心だからでしょうが、子ども扱いしているとみなすこともできます。行きたいと思うところに行かせてあげたい気持ちと、安全管理とのせめぎあいで悩むところです。

せんねん村では、その人が行きたいと思うところは施設内ならどこに行っても良いことになっています。「お散歩」と称していますが、自分で車いすを操縦して出かけることができる人はそう多くはありませんから、スタッフが誘わないとユニットからは一歩も出ないことになります。

もちろん、自分で、徒歩で、車いすで、八角堂に毎日コーヒーを飲みに来る人も数名います。これも生活リハビリの一環です。八角堂はせんねん村の中心にある吹き抜けの開放的な空間です。開設以来、私は多くの時間をここで過ごし、仕事もここでしています。

ユニットならコーヒーは無料です。ただしインスタントです。一方、八角堂のコーヒーは専門店で焙煎されたスペシャルブレンドで美味しいと評判です。お隣の重度身体障害者施設の人たちも、日曜日にはコーヒーを飲みに来てくれます。その施設のカフェは日曜日は休みだからですが、一杯百円だそうです。せんねん村は小さなお菓子がついて二百円です。倍でも来てくれる理由をたずねますと「美味しいから」と言ってくれます。

八角堂ではさらに月に一回、木曜日の夜七時から「居酒屋木曜日」が開店します。ユニットの職員と事務室の職員・相談員が、前掛けをしてサービスします。夕食を済ませてからの時間帯ですが、少量多品種の肴をフードサービス部が手作りで用意します。とても好評で、月に一回は町内会の人たちも飲みに来てくれます。

「地域の人たちに出入りしてもらうためには、どうしたら良いでしょうか？」

実習生からこんな質問を受けると「来たら何か良いことがなければ、来てはいただけないでしょう」と答えています。

もちろん地域性もありますから、せんねん村と同じことをすれば良いというものではないでしょう。やはり工夫が必要です。

序文でもふれましたが、せんねん村は圃場整備事業の余剰地を利用しています。つまり、かつては地域のどちらかの所有でした。開設にあたり、近隣の民家すべてに挨拶に行ったとき、「あそこはうちの土地だった」と言われました。

一市三町が余剰地を買い上げて無償で貸与してくれた土地に建物をつくる時も、一市三町は補助金を出してくれました。国と県の補助金だけでなかったのは市長の公約だったからでしょう。これほど恵まれた条件で整備できたことへの恩返しとして、〝西尾にせんねん村あり〟と全国に知ってもらえるようになりたいと決意もあらたにしました。「有難うございます。おかげ様で願ったものがつくれました。せんねん村は皆様のおかげでつくれた皆様のものです」

他方、地元住民の反対があって精神障害と知的障害者の施設は同じ場所に整備することはできませんでした。特養についても「必要なのは分かるが、なぜここでなければならないのだ」という意見があったそうです。

つまりは総論賛成・各論反対です。当時は認知症についてもまだ理解がとぼしく、「認知症の老人がさまよい出て、温室の換気扇に頭を突っ込んでけがでもしたらなどと言われた」と市の担当者から聞きました。

内心では「そんなことを認知症の人がするはずがない」と思いましたが、「そのようなことのないように厳重注意します」と答えるしかありませんでした。強く反論する理論的なものがとぼしい自分が歯がゆく、せんねん村では認知症ケアを最重要ケアに位置付けようと思いました。

自分の意思を伝えることができなくなった認知症の人の思いをくみ取り、穏やかに笑顔で過ごしてもらうためには身体介護の知識や技術だけでは不十分です。全てのケアの要素が含まれるのが認知症ケアです。現実に利用者の八割近くに何らかの認知症状があります。「認知症ケアの質がその事業者のケアの質をあらわす」と言っても過言ではありません。

開村前の圃場風景

「だいじょうぶ」（杉浦祖玄師・筆）

第2章

ケアのこころ

◉認知症を考える

「認知症の老人がさまよい出たら…」

こう言われて「厳重注意します」と答えながらも、つくったのは玄関に施錠もせず、開放的でどこからでも出入りできるせんねん村でした。高齢者向けの施設らしくない建物と驚かれますが、認知症の人を閉じ込めたくなかったのです。

愛知県第一号の老健をつくった後、入所者を得るために考えついたのが「認知症の人を積極的に受け入れる」ことでした。その頃はまだ、どこの施設も認知症はお断りでした。そこで愛知県第一号の認知症ケア専門フロアーの認定を受けて、老健の四階を専用フロアーにしました。

認知症の人たちと身近に接してみると、その人たちが自分自身であるかのように思えて仕方ありません。杉浦祖玄師から「老健のこころ」として書いていただいた書は、今も玄関に掲げてあります。

「あなたが　わたし　でしたね」

たったこれだけの文字ですが、これは仏教の教えである「自他不二」を表し、鑑真和上はこれを伝えるために六度も難破しながらも日本にたどり着いたのだと、祖玄師から教わりました。認知症の人を見て〝将来の私〟を重ね合わせました。まさに「あなたがわたし　でしたね」です。

せんねん村の建築プロジェクトに関わるために、老健から異動してきた男性職員に聞いたエピソードです。

彼は認知症フロアーで働いていました。ある日、家族から利用者の若い頃の写真を見せてもらったそうです。そこには、若い母親が可愛い赤ちゃんを抱いてほほ笑む姿が写っていました。その時、「この人にも若くて輝いていたころがあったのだ」とあらためて思ったそうです。

この逸話が示すように、多くの場合は認知症という症状に目が向いてしまい、その人を全人的に理解することを忘れがちです。

若い頃のことが、認知症ケアには欠かせないヒントになることは今では知られていますが、「痴ほう症」と呼ばれていたころはまだ十分な情報も知識もありませんでした。

介護の現場でとらわれやすいのは、認知症の人に対する思い込みではないかと思います。特養を開設するにあたって一番大事にしたいと思っていたのは、認知症のケアでした。

なぜ認知症のケアを一番大事にしたいと思ったのか。それは、認知症のケアが最も難しいからです。身体介護だけでなくすべてのケアが入ってきます。

「この人は認知症だから、と決めつけがちになってはいませんか」

職員に問いかけるようにしました。

「認知症だから、何もできないと思っていませんか。そんなことはありませんよ。認知症の方をもっと信頼しましょう」

「認知症ケアがきちんとできることが、プロのケアワーカーとしての条件ではないでしょうか。皆さんは専門職です。自立・自律したケアワーカーになりましょう」

このような語りかけを幾度となく繰り返していきました。

認知症の人はすべて分かっているとよく思います。実際、経験あるケアワーカーは「すべて見透かされます」と言います。分かっていても言葉が出てこないのが認知症なのです。つらいだろうと思います。

しかし、表情を常に見ていれば、どのように感じているかはこちらに伝わります。私がいつも「目が大切」と言うゆえんです。常に見ていなければいけないのです。動き回っていては見えません。

◉誰にでも分かる言葉を探す

認知症について職員に問い語りかけるようになった一つのきっかけをお話しましょう。平成元（一九八九）年に老健を開設した当時は、薬漬けや拘束が当然のように行われていたようです。

幸い、老健の初代施設長を務めた兄は「治らない病気に薬を飲ませ続けるのは良くない」という考えでした。また、徘徊《はいかい》する人については「その人にとっては徘徊することが自然なのだ」とも言っていました。当時としては珍しい考え方でしたが、認知症を理解していたと思います。

車いすに座った人がひもで縛られているのを見て、「なぜなの？」と尋ねますと、「立ち上がって転ぶと骨折します」という答えが返ってきました。ひもでは見た目が良くないから、何とかできないかと思いました。ちょうどハワイへ研修に行く機会があり、福祉用具の店に立ち寄った時にカラフルなベルトを見つけました。

「このほうが、少しは感じが良いでしょう」と思って購入しましたが、胸の中にはよどみのような違和感が残りました。しかし、それが解決するのはずっと後になって、認知症についての学びを深めてからです。

認知症のケアに関する私の考えが間違っていなかったと確信できたのは、認知症ケアマッピングを学んだ時でした。平成十八（二〇〇六）年にベーシックマッパー、次いで二十（二〇〇八）年に上級マッパーの資格を取得しています。

認知症ケアマッピングでは、認知症の人を六時間観察します。五分ごとに状態を記録して、定められたコードに分類します。コードによって良い状態、悪い状態が点数化され、集計することで全体的なケアの質が〝見える化〟されるのです。これにより認知症の人の状態が言語化される仕組みでした。

最初に基礎コースを受講した時、言語化されたことで明らかに意識化されたと思いました。ケアに違和感をもちながらも明確な言葉が見つからなかったために、注意するにしても的確な言葉ではないと感じていたことが多かったからです。

逆に、利用者が乗った車いすを二台引きしている姿を見て、「物扱いしないで！」と思わず叫んだのは、やはりそれが「良くないケア」だと違和感をもったからだということも理解できました。

分かりやすく伝わりやすい「明確な言葉」をもちたい、表現力を豊かにしたいと思うようになったのはそれからです。今も常に「分かりやすい言葉」を探しています。

例えば、医療職や介護職は専門用語を当然のことのように使っています。しかし、患者や利用者は一般の人なのです。日頃、見たこともない文字や聞いたこともない言葉で説明されても理解できないでしょう。そして、「分からなければ質問すればよい」と言うのは専門職のおごりではないかと思っています。

もともと医療資格も福祉資格もない私ですが、それでもいつの間にか〝門前の小僧ならぬ〝門内の婆ちゃん〟になっていて、専門用語とも気づかずに使っていたことに気付かされたことがあります。

ある集会での市民との対話の中で「急性期病院」と言いましたら、「急性期病院って何ですか」と尋ねられたのです。大慌てで「救急車を受け入れる病院です」と説明しました。救急車を受け入れる病院が急性期病院とは限らないと思いつつも、より適切な表現が見つかりませんでした。今なら「症状が急激に出た時に入院し、入院期間が短い病院です」と答えれば良いと分かります。

また、つい最近では「人間の尊厳を傷つけるようなケア」と言いましたら、かなり医療に詳しい人ですが「尊厳って何ですか？　聞いたことがありません」と返ってきました。周囲の他の人にも確認してみましたが、知らないと言います。これも一般の人が使う言葉ではなさそうです。

そこであらためて「尊厳とは何か」を自分自身に問い、分かりやすい簡略な言葉を見つけなければと思いました。独りよがりではない、誰にでも分かる言葉探しです。

人は言葉でしか自分の思いを伝えられないのだということを実感として学んだのは、私自身が不治の病を得て、薬の副作用で聴覚がひどく低下して補聴器を使わざるを得なくなってからのことでした。

病も難聴も、全て高齢者理解につながる勉強と体験の機会を与えてくれています。まるで「自分の体験を生かして、せんねん村のケアをもっと向上させよ」と神仏が示しているかのようです。

◉認知症ケアマッピング

認知症ケアマッピングについて、少し補足します。午前十時から午後四時までの六時間、五名の認知症の人を二人のマッパーが観察します。ただし、と思いました。人間の生活は二十四時間、三百六十五日です。観察した六時間以外の時間はどうなんだろうと気になります。

五名の対象者を選ぶ時には、「この人のケアはどうしたらいいか?」と現場で悩んでいる人をピックアップするようにしてきました。観察することで、何かヒントが見つかるかもしれないと考えたのです。

対象者の一人に、六時間ずっと座ったままで寝ている人がいました。職員はトイレに案内するわけでもなし、昼もほとんど食べずじまいです。ケアマッピングが終わって、データ処理をして傾向をみて改善の指導をする時にそのあたりのことを聞いたところ、「あの後すごく活動的になられたんです」という返事でした。その時、マッピングの限界を感じました。

ある時、せんねん村にショートステイで入ってきた人がいました。家族からの訴えでは、暴言暴力があるということです。手を上げたり、怒鳴りつけたりするので奥さんもくたびれ果てて利用されるということでした。

こういう情報を聞きますと人は影響されます。案の定、職員の報告書を見ますと「暴言暴力があって隣の人を叩こうとした。認知症だから物事の善悪が分からない」と書いてあります。全て認知症のせいにしているのです。読んでいて気持ちが滅入り、非常に違和感を覚えました。

そこで、この人だけに集中して長時間のマッピングをやったらどうだろうと思いました。暴言暴力の出る時間が、午前十時から午後四時に当てはまるとは限らないからです。どんな結果が出るか、興味津々でした。

結果を見てみますと、職員とその叩かれそうになった利用者の女性が原因だと分かりました。その女性も認知症で、同じ話を何度も何度もするのです。男性はそれに腹が立って、「うるさい」と言って手が出てしまったのです。

認知症でなくても、日本の男性はスマートに話題を変えてコミュニケーションを図ることが苦手です。その女性と男性を隣同士に座らせたことがいけなかったのです。

また、その男性が「おーい」と職員を一生懸命呼んだ時に職員が手を振って行ってしまったので、その職員に対して「バカ」と言ったことも分かりました。

職員にすれば、何もしていないのに暴言を吐かれたということでしょうが、用事ではないと思っても、呼ばれたらそばへ近寄って応えてあげるのが当たり前です。レストランで一生懸命手を挙げているのに、気がついてくれなかったら腹が立ちます。「しょっちゅう目を配って」と言いたくなります。何かあったらすぐそばへ行って応対する、それでこそケアのプロです。

このケースでは暴言暴力には当然の原因があり、それを取り除けば回避できることが長時間マッピングによって分かりました。そして、認知症だから何もできないという決めつけや思い込みをもたないように、プロの介護者として認知症のケアにあたるようにと職員に何度も繰り返して語りかけていくようにしたのです。

◉「身体拘束ゼロ」を目指して

職員に対して、認知症への思い込みを払拭するように繰り返し語りかけるのと同時に、認知症ケアでは当然のことのように行われていた拘束を、どのような条件であろうとせんねん村では行わないために、さまざまな働きかけもしてきました。

平成十二（二〇〇〇）年度末に厚生労働省が「身体拘束ゼロ」を打ち出し、介護保険施設などでは拘束が禁止されました。おかげで現在ではなくなりましたが、以前、愛知県福祉会館の介護用具のコーナーに、背中にジッパーがついていておまけに鍵がかかるようになっているつなぎ服が飾ってあったのです。それを見たときには目まいがしました。

また身体拘束ゼロが打ち出されてすぐでしたが、せんねん村の事務室の机の上につなぎ服が置いてあったのにもびっくりしました。問いただしますと「おむつ外しがある人用に、家族に許可を得て購入した」と言うのです。

「これは法律違反ですから使ってはいけません。返品しなさい」

自分が迂闊《うかつ》であったことに気がついた瞬間でした。全職員に身体拘束が禁止されたことを伝えていなかったからです。早速、四回にわたって勉強会を開きました。以来、全職員が必ず参加する必要がある勉強会は、一つのテーマで集中的に四回開催することが方針になっています。

もう一つ、老健を開設したころは「スパゲティー症候群」という言葉をよく見聞きしました。鼻腔から胃にチューブを通して流動食を流し込む経鼻経管栄養、のどに穴を開けて呼吸器をつける人工呼吸器、腕には点滴のチューブ。チューブが何本も巻きついているので、まるでフォークにスパゲティーが巻きついているようだという意味です。

本人はほとんど意識がないか、あってもしばりつけられてぼんやりと天井を見上げ、呼びかけても反応がないことが多いのです。多くの老人病院で見られた光景でした。

スパゲティー症候群という表現はあまり耳にしなくなりましたが、昨今は経鼻経管栄養や胃ろうが話題にのぼります。

自分自身のこととして、経鼻経管栄養を受けてまで生きていたくはないと思います。喉の奥にチューブがいつも張りついているなんて、想像しただけで気分が悪くなります。

恐らく誰もが同じように思うでしょうが、突然の発症で家族も動揺してどのようにしたら良いのか考える時間もなく、決断を迫られるに違いありません。また、医師から言われて「嫌です」とは言えないのではないでしょうか。「これをやらなければ死にます」と言われるのですから、家族の苦悩は推し測られます。医療側も安全を重要視するあまり、誤嚥《ごえん》しないよう経管栄養にするのでしょう。

しかし、いろいろ見てきて分かったのは、人間はやはり口から食べなければだめだということです。経管栄養では、栄養は足りても元気にはなれないのです。

私は考えました。チューブがあるから抜きたくなるのです。抜かれては困るから縛る。縛るから活動性が奪われ、寝たきりにさせられる。そして認知症が悪化する。

老人看護研究発表で「チューブが見えないようにしましょう」と聞いたとき、「喉の奥のチューブの苦痛はどうなるのですか」と尋ねたい思いでした。

見えなくすれば、その苦痛はなくなるのか…。

なくなるはずはありません。ただし、精神的に負担を感じながらケアしている看護師たちのこころの痛みは和らぐかもしれません。人間は「見えないもの」を「ないもの」と考えてしまうことができますから。

点滴も本当に必要なのだろうか。

中心静脈栄養（ＩＶＨ）で生きながらえるのは、ＱＯＬ（QUALITY OF LIFE）が高いと言えるのか。

高齢者の医療が働き盛りの成人と同じで良いのだろうか。

様々な勉強会に出席して答えを探しました。講師は一様に「違わなければならない」と言いますが、現実は一向に変わる様子はありません。川下の特養から川上の急性期医療を改革しようと、大それた考えをもちました。少しずつでも足元から変えていこう、必ず到達できる日が来る…と信じていました。

まず手始めに、せんねん村の村人さんが入院した時に、望んでもいないのに管を突っ込まれないようにすることから始めようと考えました。症状が急に変化して入院しなければならないときには、事前に本人や家族から聞き取っておいた「してほしいこと」「してほしくないこと」を書面にした「事前指定書」をカルテと一緒に持っていき、提示するようにしました。この事前指定書導入のいきさつについては後述します。

当初、救急車に同乗して村人さんに付き添った看護師は、医療側から事前指定書を否定されるだけでなく、ときには特養についてかなり侮辱的なことを言われたようですが、耐えてくれました。

事前指定書を、医師にすんなりと受け入れられるようなものにする必要があると思い、さらに改定しようと考えました。医師は忙しいので話し合いには加わってもらえませんでしたが、市民病院の救急室の看護師長とは、事前指定書の様式について検討することができました。せんねん村の看護主任が働きかけてくれ、それに応えてくれたのです。

その看護主任は、入院して三日で村人さんを亡くした経験がありました。主任になってじきの頃です。そのとき「こんなことならせんねん村で死なせてあげればよかった…」と悔やんだそうです。

「看護師は患者の代弁者」であると言われますが、そのとおりだと思います。もちろん、すべての看護師がそうであるわけではありませんが、少なくとも看護師のほうが患者の傍にいる時間が長いので医師よりもよく分かっています。以来、せんねん村で看取る人が増えてきました。

◉閉じ込めない、拘束しない

開村当時には、こんな出来事もありました。

開村のあわただしさがまだ残る三月に、新聞記者がせんねん村に泊まり込んでくれました。記者はその時「痴ほう症の人が精神病院に入ると薬漬け、拘束は当たり前のように言われているけれど、ここではそれを排除して欲しい」と言ってくれました。

実は記者が到着する少し前に無断外出された人が初めていて、皆で探しているところでした。「夜はまだ寒いので暗くなる前に見つけないと凍死してしまう可能性がある」と最悪の事態を覚悟しました。行方不明になった人は家族で介護しきれなくて入居したのですが、認知症があるだろうと予測はついていました。

その人は隣の一色町まで歩いて行き、寿司屋に入って数字を書いた紙を見せたそうです。おかみさんが偶然にも認知症にかかった父親の介護をした経験があり、ピンときて電話番号と思って電話をかけようとしましたが、どうも車のナンバーらしいことから警察に電話したのです。ちょうど介護主任が警察署に届出を出しに行っていた時で、すぐに分かったのは幸運でした。

薄暗くなる前に、迎えに行った介護主任と帰ってきたその人に「おかえりなさい」と言いましたので記者は驚きました。詰問すると思っていたのでしょうか。

その人は自分の家からよく散歩に出かけていたそうです。それと同じ気持ちで出かけたのだと思っていましたから、ごく自然に「おかえりなさい」という言葉が出たのだと思います。

「どこに行かれましたか?」

するとポケットに手を突っ込んで、三個の松ぼっくりを見せてくれました。宮崎県の山の中の出身で、娘が愛知県に嫁いでいることからこちらに来られたのですが、山の中を歩く習慣があったのでしょう。

その人の歩かれたであろうと思われる道を記者とたどりながら、寿司屋にお礼がてら夕食をとりに行きました。近くには神社も植木屋の圃場もあります。三河黒松の産地ですから松ぼっくりが拾えるところは多くて、断定できませんでした。

この事件以来、行方不明になっても地域の方々に救われることが多く、「せんねん村は守られている」と感じます。

行方不明になった人の家族には丁重にお詫びしました。そして「気をつけますが再発する可能性はあります。お母様を閉じ込めたくありませんのでご理解ください」とお願いしました。家族は涙を浮かべて了解してくれました。

警察署にもお礼に行きました。「出ないように、鍵をきちんとかけるように」と言われましたが、「閉じ込めたくはありません。閉じ込めるのは人権問題です」と反論しました。

その頃は、見学者にまで「行方不明になった時によく分かるように、衣類の背中にせんねん村の誰々と名前を書いた方が良い」と言われました。「なんということを言うのだ！」とムッとしながら言いました。

「せんねん村の認知症ケアは、認知症だということが分からないようにケアするようにしています。ここは収容所ではありません。ごく普通の人がごく普通の生活をするように、認知症の人にも暮らしていただくことを大事にします」

確かに他の施設から移ってきた人の衣類には、背中に大きく名前を書いた布が縫いつけてありました。私はそれを取り外すように指示しました。「名前が分からない」と言うスタッフもいましたが、「ワンフロアー十六名の名前が覚えられないことはないでしょう」と突っぱねました。まして、一度に十六名が入居するわけではありません。それが覚えられないようでは、介護の仕事をすること自体、おぼつかないでしょう。

◉ケアのヒントは自分の暮らしの中にある

身体拘束の原則禁止が介護保険法で定められた際に、身体拘束が認められるには、次の三つの条件を全て満たさなければならないとされました。

1. 切迫性：利用者本人または他の利用者等の生命または身体が危険にさらされる可能性が著しく高いこと
2. 非代替性：身体拘束その他の行動制限を行う以外に代替する介護方法がないこと

3．身体拘束その他の行動制限が一時的なものであること

しかし、と考えました。もし、施設側が「拘束しないと安全が保てませんから」と理屈をつければ家族は嫌でも署名せざるを得ず、家族の同意を得て拘束ができてしまいます。これでは安易に拘束してしまうのではないかと。そこで、せんねん村では拘束は一切禁止にしました。

ある日、相談員が新しく入居の申し込みをされる人の家族からの言葉を伝えにきました。

「転落するといけませんから縛ってくださいとおっしゃっていますが、どのようにお答えしたらよろしいでしょうか」

現在入院中の病院か施設では、そのように言われて拘束を受けているのだろうと推察しました。家族は、そう言ったほうが入居しやすいと思ったのかもしれません。そこでこう答えました。

「縛ってくれとおっしゃっても、はいそうですかと縛るわけにはまいりません。いろいろな方法を考えて転落事故を防ぐ努力をしますが、その中には縛るという行為は含まれていません。したがって、転落はあり得ます。それを許していただけないのなら入居をお断りせざるを得ません」

かなり思い切った返事でしたが、一歩も引かないつもりでした。人は易きに流れがちです。一つ許したら、次から次へと雪崩を打つようにケアの質は低下していくことでしょう。転落したとしても、少しでもショックを和らげる方法を考えれば良いと思い職員に話しました。

在宅で畳に布団を敷いて寝ている人を、ある日突然ベッドに寝かせたとしたら…。簡単に答えが出ることなのですが、それすらも分かりやすく説明しなければなりませんでした。

「皆さんは、旅行に行ったときに寝ていてトイレに行きたいと思ったとき、自宅と違うので間違った方向に行ってしまったことはありませんか」と尋ねました。かなりな数の職員がうなずきます。ある積極的なスタッフは「僕は自宅でもあります。部屋の壁にぶつかってびっくりします」と言って笑いが起きました。

「ケアのヒントは、あなたたちの生活の中にあります」

これを何度繰り返したことでしょう。「皆さんが理解してくれて実行できるようになるまで、くどくしつこく言い続けます」と宣言しました。

重要事項説明書を改定し、身体拘束を行わないこと、事故は起きうること、事故が起きたとき施設側の責任として行うことを明記しました。かなり限定されたことしかできないのは事実です。

重要事項説明書とは、入居にあたり必ずきちんと内容を説明して署名をもらうことになっている契約のための重要な書類です。その書類に明記しておけば、相談員も心して説明してくれると考えたのです。

そこには施設に関するさまざまな事項が細かく記されています。介護現場の職員が、自分たちがどのような契約内容の下に仕事をしているのかを知らないままではいけないと、これを機に全職員向けに勉強会を開催することにしました。

講師は相談員です。経験のない新人相談員も先輩を見習いながら講師を務めました。自分一人で勉強するより人に教えたほうがよく身につきます。相談員の力量が上がっていきました。

勉強会の内容が全職員に行きわたったところにアンケートをとりましたら、「こんなにお金（介護報酬）をもらっているのなら、しっかりとプロらしい仕事をしなければいけないと思った」という文が目に留まりました。

今では、相談員ではなくユニットや事業所ごとに重要事項説明書の勉強会が開かれるようになり、新人のケアワーカーが緊張した面持ちで講師を務めるようになりました。

中堅社員が育ち、彼らが中心となって「私たちが育ててもらったように若い人を育てる」と、自立・自律・主体的に考え行動する組織になってきたことに感無量です。一つ一つの積み重ねがせんねん村のケアの哲学になってきたかなと思います。

◉「当たり前の暮らし」の継続

私の願いは、せんねん村で人として当たり前の暮らしをしていただくことです。では、どのようなことが当たり前の暮らしなのでしょうか、

排泄《はいせつ》はトイレでするのが当たり前。食事は口からいただくのが当たり前。風呂はゆっくりと入りたいのが当たり前。天気の良い日には出かけたくなるのが当たり前。時には外食したいのが当たり前。好きなものを選んで食べたいのが当たり前。

自宅で暮らし続けられないからせんねん村へ転居してきたけれど、暮らしは前と同じように継続しましょう、というのがせんねん村の考え方です。

月に一回の村議会（全村のリーダー以上の部署長の合同会議）で、語り続けました。何回も何回も、繰り返し繰り返し、くどくしつこく、分かりやすいように例をあげながら。若い職員に家庭での生活を思い起こしてもらうように意識しながら語りました。

何度も話してきましたように、拘束しないのは当然です。そして、おむつもしない方

が良いでしょう。自宅でおむつを使っていたとしても、せんねん村では「この人はおむつなくてもいいんじゃない？　おむつ外れるんじゃない？」と検討し、おむつを使わないようにしていくこともあります。十五年の蓄積で、せんねん村のケア力がここまで上がってきたというのも事実です。

認知症について学んできましたように、排泄に関しても勉強してきました。排泄について学びたいと考えたのは、私の年若い友達が膀胱《ぼうこう》がんになって膀胱を全部摘出したことがきっかけです。ちょうど老健をつくり、事務長をしていたころです。

折よく、排泄ケアの研修会が名古屋であるという知らせを受けました。研修会の参加者は多くが看護師で、施設の相談員という人もいました。そこに参加したのですが、主催者から声をかけられました。

「経営者がこういうところにくるのは珍しいですね」

それが現在のNPO法人「日本コンチネンス協会」会長の西村かおるさんです。日本コンチネンス協会は、教育や情報提供などを通して全ての人が気持ちのよい排泄ができる社会を目指して活動を続けています。

その研修会では、排泄の仕組みを何回かに分けて学びました。そして、最後の日におむつを手渡されて、宿題を出されました。

「これを持って帰ってこの中に排泄しなさい。そして、そのまま寝なさい」

とにかく、寝て排泄しなさいということです。懇親会でビールをたくさん飲んでいましたので普通ならトイレに行きたくなるのですが、寝た姿勢では排泄ができないのです。腹圧もかかりません。仕方がないのでスツールに腰掛けて試したのですが、おむつから外に尿が漏れ出しそうで怖いのです。結局、バスタオルを二枚敷いてやっとの思いで排泄しました。

もう一つの課題である「そのまま寝る」ことはとてもできず、すぐ外してしまいました。「簡単におむつなんかしてはいけない」と肌で感じました。

こうした実感もあって、せんねん村では原則としておむつはしないと決めたのです。

◉「ケアはアート」

聖路加国際病院名誉院長の日野原重明先生は、「医療はアートである」と言われます。それにならえば「ケアもアート」だと私は考えます。ケアをする時にどのようなことができるかと可能性を追究することは、アートなのです。

ケアは、ケアワーカーが五感を使って対象者の五感に働きかけます。ケアに形はありません。音楽などと同じです。そして、何より肉体だけでなくこころにまで働きかける全人的な行為なのです。そこに求められるものは、豊かな想像力といろいろと工夫する創造力なのです。

せんねん村の理念「こころ　のびのび」は、とらわれのないこころを示しています。嚥下《えんげ》・咀嚼《そしゃく》機能が低下した人でも、好きなトンカツなら細かく刻まずに食べられる姿を見ることができます。にぎりずしも大丈夫です。「食べさせたら危険だ」と最初から決めつけたら、その人は死ぬまで二度と好きなものが食べられません。

その人をよく知り、何が危険で、何が大丈夫かを見定める力、これこそ「アートの力」と言えます。しかし、アートには冒険がつきものです。危険への対処を十分に準備して冒険することが、その人に対するオーダーメイドのケアを生み出すのです。

多くの場合、万が一を恐れるほうが先に立ってしまいます。無理もありませんが、「それでも…」と踏み込んでみることが必要なのです。簡単にあきらめたら進歩はないでしょう。認知症の人を「何もできなくなった人」と決めつけたら、その人の暮らしは味気ないものになります。

せんねん村全景

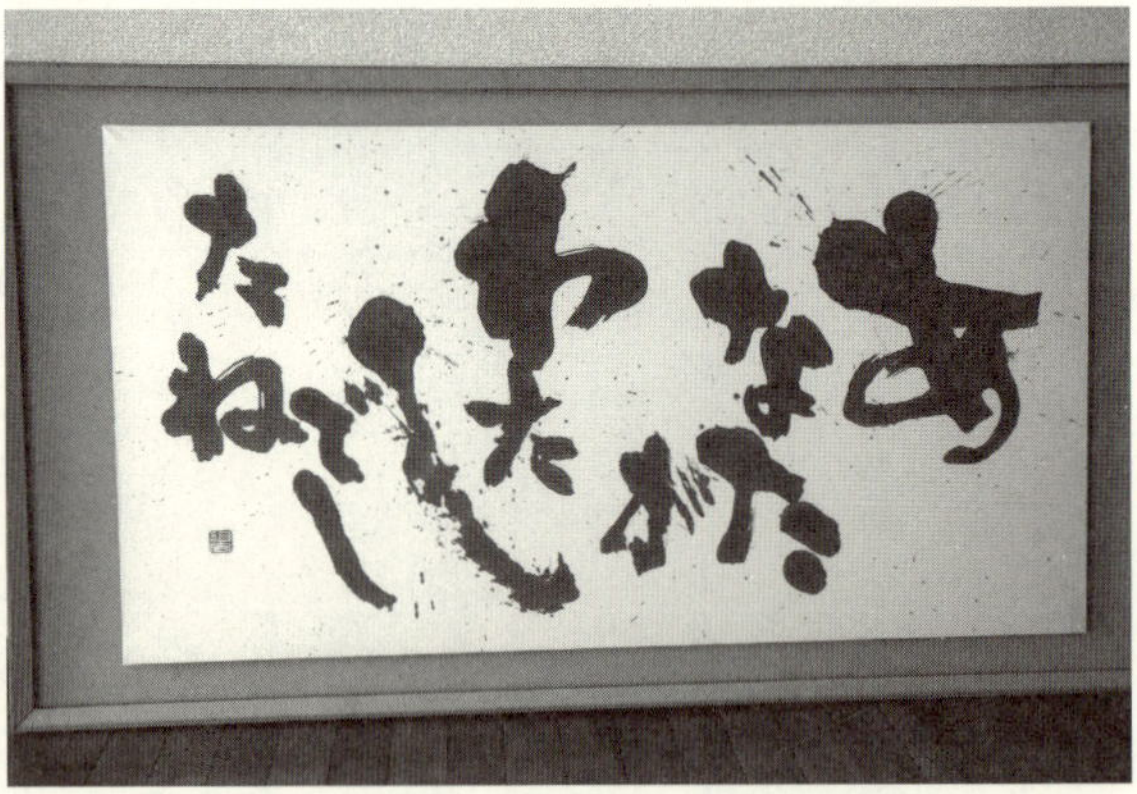

「あなたが　わたし　でしたね」(杉浦祖玄師・筆)

第3章

食はいのち

◉最期までお口から

せんねん村を開設することができたとき、真っ先に「拘束しない」「死ぬまでお口から」活動を目標に掲げました。

せんねん村には、病院で経管栄養になって入居される人がいます。その場合は歯科衛生士や看護師の協力で、口から食べていただけるようにしていくように努めます。また、既に入居されている村人さんを経管栄養にしないためには、死ぬまで口から食べていただけるようにする必要があります。

死ぬまで口から食べていただくには、どうすればいいか。

私は多くのことを学びました。元来、食べることが好きでよく食べ歩きをしていましたから、食について学ぶのは楽しくてどれくらい時間がかかってもやり遂げようと思いました。

口腔ケアの重要性を「在宅ケアを支える診療所・市民全国ネットワーク」の大会で学ぶ機会を得ました。ヘルパー資格を持つ歯科衛生士が在宅訪問をしている事例でした。口腔ケアの効果は抜群で、訪問歯科診療との連携も行われて口腔内が見違えるほどきれいになっていく様子を学びました。

何とかしてせんねん村で歯科衛生士を採用したいと思いましたが、特養の人員基準にはありませんので、人件費を手当てする余裕がありません。しかし、念ずれば通ずなのでしょうか。さほど時間がたたないうちに、知人が親戚の女性を連れて就職の相談に来たのです。

彼女は歯科衛生士の資格があり、しかもケアマネジャーの資格も持っています。ケアマネジャーとして働いてもらい、歯科衛生士として介護職員に口腔ケアの指導もしてもらうことにしました。さらに加えて、彼女が嚥下・咀嚼についても詳しい知識をもっていたことは幸運でした。

彼女に伝えました。

「村人さん一人ひとりの口腔ケアをするのがあなたの仕事ではなく、ケアワーカーに口腔ケアの知識と技術を移転し自立させること、そして、少し余裕ができたら嚥下・咀嚼についても活動してほしい」

まず、口腔ケアの研修会を開くことにしました。実際にお互いの口腔内をケアする実技も含めての研修内容でした。私自身も初めて受けて、舌をやさしくブラッシングして舌苔《ぜったい》を除去し、上あご、下あごの内部や歯ぐきの周囲もブラッシングする必要があることを学びました。

愛知県歯科医師会のモデル事業の依頼も受けました。歯科医師の訪問診療、歯科衛生士との有機的な連携活動のモデルです。村人さんの口腔内がきれいだと褒めていただきました。

こうして、開設当初から口腔ケアや嚥下訓練に力を入れてきた成果は、誤嚥から肺炎になる人が少なく、口から食べる人が増えるという形で表れています。嚥下能力が特に低下している人には、血中酸素濃度を看護師や訓練を受けたケアワーカーが測りながら時間をかけて口から食べていただくような関わり方もしています。

◉食はいのち　食は戦略

食はいのちです。いうまでもなく、私たちの身体は食べたもので出来ています。私たちが食べたものは、三十分もしないうちに分子に分解されて血管内を流れ、全身に行きわたることが証明されています。

身体細胞は分子レベルで新しい分子に置き換わり、約三カ月で全身の細胞が置き換わるのです。昨日の私と今日の私は、分子レベルで見ると違う人間だということになります。

入院食については、昭和五十二（一九七七）年に中澤整形外科診療所を開設したときから重要視していました。開院当初は、私自身が入院患者の食事を作っていたこともあります。以来、食事はずっと自営を堅持してきました。

入院時の食事代が医療保険からはずされて患者の自己負担になったとき、一斉に外注業者に委託する動きが出ましたが頑として自営を貫きました。

医療現場のサービスの中で、差が最も分かりやすいのは食事だと思ったからです。ケアサービスの違いはなかなか分かりませんが、食事は一目見て分かり、口に入れて分かり、患者だけでなく見舞客や家族にもよく分かります。比較しやすいのです。サービス戦略として、食事は重要であると考えました。

せんねん村も開設当初から自営です。当然のこととして、咀嚼・嚥下が困難になった村人さんのために特別の食事を開発する必要がありました。「刻み食と呼ばれるものは一切排除しよう」と心に決めました。

刻み食やミキサー食と呼ばれるものは、食事を細かく刻んだりミキサーにかけたものです。刻み食は食べ物のかすが口の中に残りやすいなど弊害が多く、ミキサー食はドロドロして見た目も色も悪く食欲がわきません。咀嚼力が低下したからといって、食べる楽しみがなくなるのは嫌だと思うのです。

ちょうど、病院食の改革が始まろうとしていた時期であったのも幸いしました。せんねん村の料理人である次男と私は〝弥次喜多〟のように食べ歩き、「あーでもない、こうでもない」と議論しました。

幸いにも男性栄養士が医療法人仁医会に入社し、次男と仲よくなりました。助さん・格さんを従えた黄門さまのように、いろいろな勉強会に出かけました。

当時の大病院の食事ではお粥が冷めて分離してしまい、水分を誤嚥して肺炎を起こす例が多くありました。ゼラチン粥が考え出されたりしていましたが、やはり美味しくありません。ご飯粒も誤嚥しやすいので、ゼラチンを入れて炊いたごはんで作ったお寿司も試食しましたがやはり美味しくないのです。

老健では私が提唱して、毎年敬老の日には目の前でお寿司を握って食べてもらうイベントを行っていました。それも、ケアスタッフが練習をして臨時寿司職人になるのです。これならどの利用者がどのようなものなら食べれるかがよく分かっていますから、具に包丁を入れて噛み切りやすくすることも可能です。

次男は、また別の目で観察していました。日頃、小さく刻まないと食べられない人でも好きなトンカツとなると、大きな一口大でも大丈夫だということなどを知っていました。

フードサービス部の職員に対し、入居者が食事をする現場に出て行き、自分たちの調理したものがどのように食べられているかを確認しようと提唱しました。

レストランに行ったときに、シェフが挨拶に来てくれることがあります。自分が調理したものがどのように食べられているか、客がどのような反応を見せてくれるのか、〝エッフェル〟と呼ばれる調理帽をかぶり糊の効いたコックコート姿で〝現場〟に出て来てくれます。そういう意識を持ってほしいと思いました。

この精神は名称にも表れています。給食や栄養という名称は一切使ったことがありません。開業当初から「フードサービス部」としました。

せんねん村の竣工披露パーティーでも、フードサービス部の手作り料理を出すことができました。長年願ったことが実現し、しかも美味しいと言ってもらえて本当にうれしかったです。

以来、どのような時にも手作りの料理でもてなすのがせんねん村の流儀です。前の職場がイタリアンレストランだったシェフは美味しいピザやパスタ、パエリアを作ります。和食を専攻した次男は寿司職人です。女性スタッフはプロのパティシエール顔負けのスイーツを作ります。

日常の食事に加えてパーティーを催してくれるのですから、頭が下がります。例えば、西尾市国際交流協会が招待したニュージーランドの姉妹都市ポリルアからの交換訪問団を迎えたときなどは、国際色豊かなパーティーになりました。

訪問団の中に医師とナースが含まれていました。私自身が国際交流協会の副会長であったこともあって研修受け入れの要請があったのです。

日本の介護保険制度のことを英語で説明しましたが、優れた制度だと感心してくれました。そして、交流パーティーも予算があまりないというので、せんねん村で材料費だけで引き受けました。社会福祉法人の役割が果たせるとうれしく思いました。

自営でなければできないことでもあります。「せんねん村の食事は美味しいよ」と言っていただくために、食べていただくことが上達につながります。

せんねん村開設から五年ほどたったころに介護保険制度が改定され、食事代が利用者の全額自己負担になりました。それを機に食事の提供方法を一気に変えました。朝・昼・夜の三食とも、フードサービス部の職員が村人さんのいるユニットに出向き、そこで調理することにしたのです。

調理する音や匂いが食欲をそそり、出来たての温かさが食欲を高めます。家庭で調理しているのと同じような状況です。また、調理した職員も一緒に食事をすることで、村人さんの食べる様子が分かり、食事の改善がより早く進むようになりました。

その後も改善を加えて、現在は主食などは厨房から運び、ご飯や味噌汁は各ユニットで作って出しています。村人さんの状態に応じて、常に見直していくのがせんねん村のやり方です。

◉温柔食

咀嚼力・嚥下力の低下した方でもむせたり誤嚥したりせず、安心して美味しく食べていただきたい。それには、特別な食事を開発する必要がありました。

開発には、仁医会の男性栄養士と次男があたりました。日常の食事を提供しながらの開発になるため、厨房を使っている合間を縫い、あるいは業務終了後の夜間に様々な試作に取り組みました。

調理するのは次男、記録をとりレシピにつなげるのは男性栄養士と役割分担は自然にできましたが、試作しては失敗、また試作しては失敗の繰り返しでした。

特に頭を悩ませたのが、刻んだ食材を固める材料を探すことでした。〝つなぎ〟と称していますが、もちろん食べられるもので、それ自身が余り自己顕示しないものとなるとなかなかないものです。味の濃いものではだめです。

しかも、柔らかく噛み切りやすいものでないと目的を果たすことができません。里いもがかなり役立つということが分かるまでにかなりの時間を要しました。

また、調理機器もスチームコンベクションオーブンが導入されるまでは、昔ながらの鍋釜で調理せざるを得ませんでした。スチームコンベクションオーブンとは、スチームとオーブンの熱風を利用してほとんどの調理を一台でこなす多機能加熱調理機器です。

幸いにも厨房は広すぎるくらい広く作ってありましたので、大量調理の部分と少量を調理するソフト食の部分を分けることができました。

こうして、苦労して作り上げた咀嚼・嚥下食を『温柔食《おんじゅうしょく》』と名づけました。そして、商標登録をしました。

温柔食はスプーンで切ることができ、手で押すとつぶれます。通常の食事より柔らかいのですが、形があり、色もよく、通常の食事と比べても決して見劣りしません。

試食をすると当たり前ですが、魚は魚の味、肉は肉の味がします。野菜の煮付けなら、ニンジンはニンジン、大根は大根など一種類ずつ柔らかくしてから寄せて固めますので色が混ざり合わず、とてもきれいでおいしいです。

手間暇はかかりますが、メイン料理から小鉢料理、漬け物まで通常の食事と同じメニューで出しています。試食のたびに「将来、施設に入るならやっぱりせんねん村で温柔食をいただきたいな」と思います。

せんねん村では、正月やひなまつりなど折々に季節を感じるメニューを出しています。「行事食」と呼んでいます。咀嚼・嚥下機能が低下している人には、もちろん行事食の温柔食を食べてもらっています。

温柔食を開発してからも、村人さんの重度化に対応してさらに柔らかい形態を開発しました。現在は五段階にまで細分化しています。自社開発しているため、いつでも修正ができるのが強みです。仁医会の老人保健施設でも、同様に咀嚼・嚥下食が提供されています。常に改善を続け、とどまることがありません。

当初開発にあたった男子二人組は、仁医会がリハビリテーション病院を開院するにあたり、よりきめ細かな咀嚼・嚥下食が必要なため現在は病院専従になっています。しかし、かつて苦労を共にした仲間として、何かあるときには何も言わないでも二人は手伝いの頭数に入っています。

また、自宅で療養中の人に対してクックチルした食事をクール便で宅配するサービスなども行っています。クックチルとは、調理した料理を真空パックし、短時間に急速冷却してチルド状態で低温保存したものです。味も良く、袋ごとお湯の中で温めて器に移せば出来上がりです。

特に嚥下困難な方への食事が好評です。歯ぐきや舌でつぶせる食形態です。家庭で嚥下機能が低下した人の料理を用意する大変さが分かっていましたので「在宅介護の家族に負担のかからない嚥下食で、最期まで口から食べていただきたい」という願いがかないうれしく思っています。

余談になりますが、知人の男性が単身赴任されていて体調がよくないことがありました。それを知ってお見舞いがわりに、温めるだけで食べられるクックチルした食事を送ったことがあります。

レトルトとは異なり、また家庭ではお目にかかれないような添加物は入っていません。家庭料理に近く、コンビニ弁当が毎日では嫌になりますが少しは辛抱できるのではないでしょうか。

◉食事で生活リズムをつくる

施設が提供する食事は、どのようなものが良いか考えることがあります。一流料亭やレストランと同様なものを出すことは不可能です。仮に出せたとしても、毎日食べていたらどうでしょう。正月祭礼、記念日などハレの食事は毎日食べられないでしょう。いくらおいしいものでも、感動が味わえなくなります。

同時にこのようにも考えます。家庭料理は味にばらつきがあるから飽きないのではないでしょうか。しかし、施設ではばらつきがあって、今日は大失敗でしたと済ませるわけにはいきません。また、限りなく家庭料理に近づけたいと思っても、家庭料理は千差万別で、調味料も違います。

そこでたどりついた結論は、日々の食事はおいし過ぎずまあまあの味。ハレの日は外食で好きなものを食べてお祝いするなど、食欲を刺激してメリハリをつけることが大事でしょう。

つまり、ごく普通に日常行っている食生活の形態を施設に移すだけという考え方です。食事は楽しみです。特に刺激のない日常では、食事で生活リズムをつくって楽しみを見つけます。

外食に出かけたときの村人さんの写真を見ますと、普段では想像もつかないような満面の笑みを浮かべています。食はいのちを輝かせるのです。

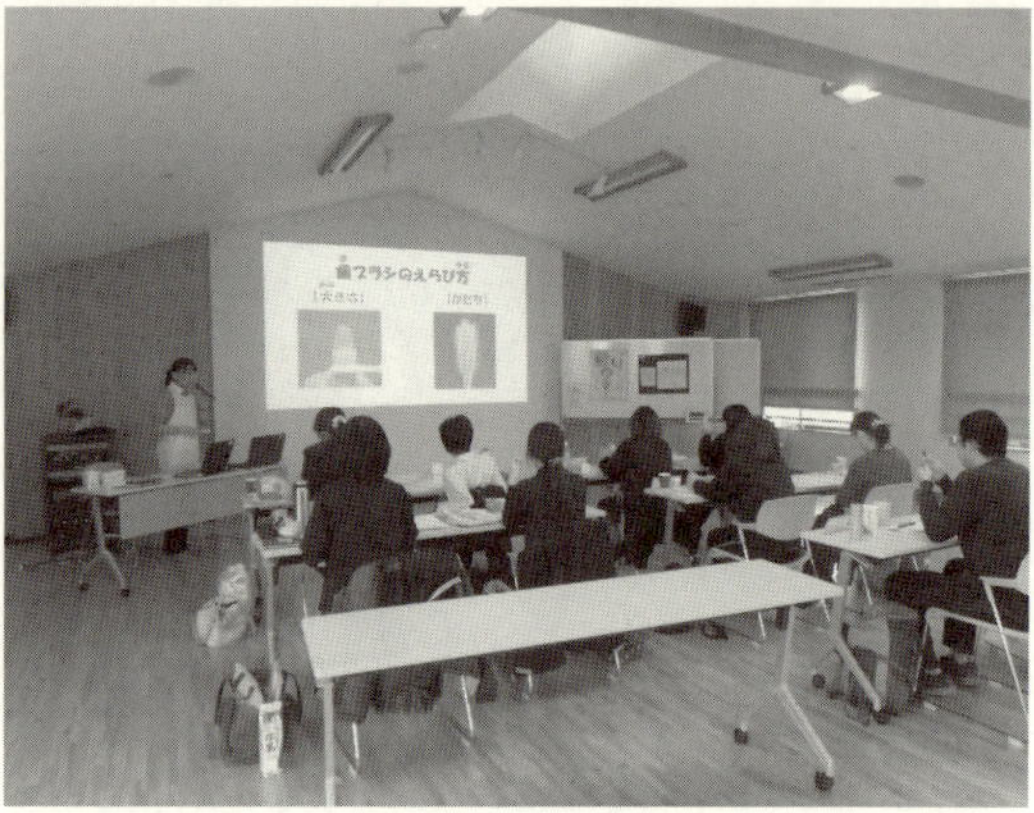

口腔ケアの研修会

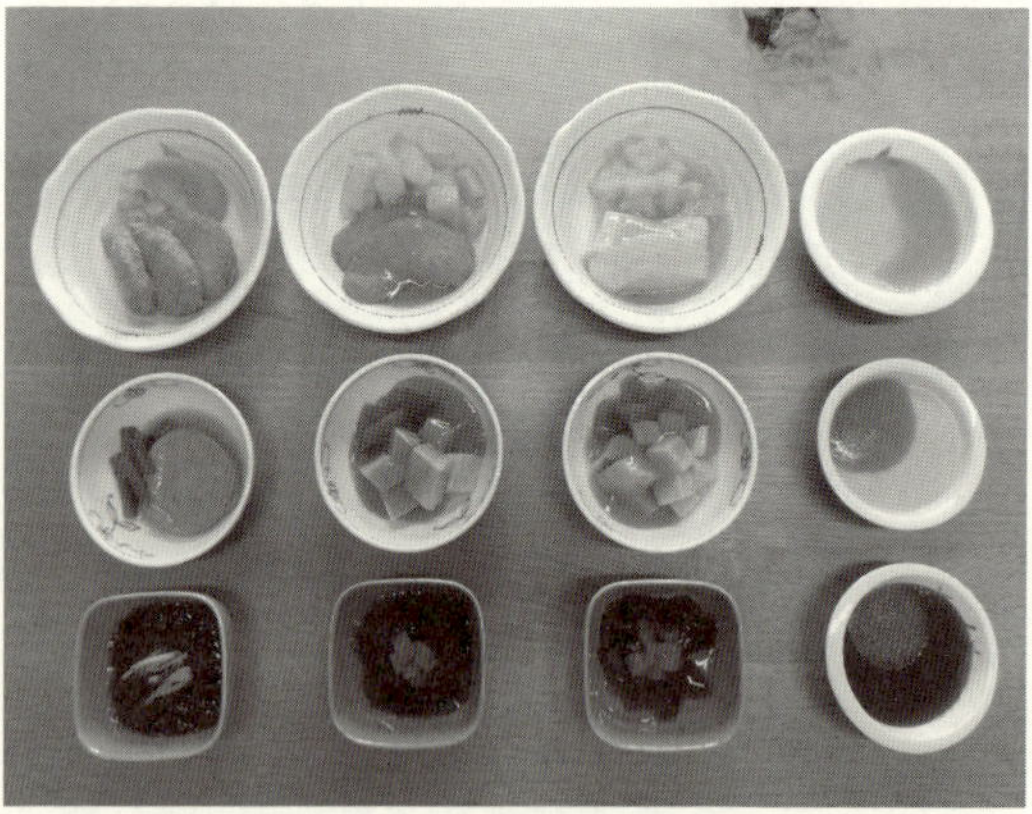

『温柔食』

第4章

個別・ユニットケア

◉特養の成り立ちと課題

特養は、自分で自分のことができなくなった人のために整備されてきたという経緯があります。療養を必要とする高齢者を特別に保護することを目的としたため、当初は病院をモデルにして造られました。「病院モデル」と呼ばれるものです。長い廊下の両側に、無機質な部屋がズラリと並んだ施設をご覧になったことがあると思います。建物だけでなくケアも病院看護が基本となっていて、生活面だけを寮母が担っていました。

寮母は職能資格の必要がないことから、看護助手と同様に手に職をもたない女性にとっては有難い職場だったでしょう。しかし、多いところでは十二人部屋というのがありました。風呂や食堂も一カ所に集中しているタイプです。そこは生活の場とは言えず、ケアを必要とする高齢者が人生の終着駅に向かう残り少ない日々を、画一的なケアを受けるだけの存在として入所していました。

ケアは「集団処遇」と呼ばれる一律一斉でした。そのスケジュールは介護側の都合で決められ、利用者はその日課に合わせた生活を強いられます。例えば、おむつ交換は二時間ごとと決められて、交換係は一巡するとまた次、というように一日中おむつ交換ばかりです。利用者と介護側になじみの関係など生まれません。

食事は遠い厨房から運んできますから、温かいものは冷め、冷たいものはぬるくなってしまいます。嚥下咀嚼の衰えた人には、刻んだ食事や全部の料理をミキサーにかけてドロドロにしたものが提供されるのが当たり前でした。

刻み食はむせやすいので、それを防ぐためにとろみ剤をかけます。どの料理にも同じとろみ剤ですから、味の違いなど分かりません。

ミキサー食にいたっては、料理を全部一緒にミキサーにかけてしまいますから、どのような料理なのか全く分からなくなります。味にいたっては想像もつきません。誰が考え出したのか知りませんが、恐らく自分で食べた経験のない人でしょう。どんな味がするのか考えてみたこともないのではないかと思います。サービス業なら絶対に許されないことがまかり通っていました。

◉支配的管理をしない

残念なことに、時代を経てもこれらの課題がすべて解決しているとは言えません。多かれ少なかれ、施設では支配的管理が当然のように行われています。「あれするな」「これするな」、逆に「あれしろ」「これしろ」と禁止されたり強要されたりするのです。そのような場面を見かけると胸が痛みました。

人はなぜかケアする側になると、自分の生活のことが思い浮かばないようです。固定観念にとらわれているのでしょう。施設は特別なところで「家庭での生活と施設での生活は違って当然」と思い込んでいるのです。

例えばケアを作業にして、流れ作業のごとく数をこなすことを目標にしたり、時間短縮のために一律の手順で当たり前に行われている。それが、かつての施設でした。先にふれた「病院モデル」と言われる施設建築が主流を占めてきたのも原因の一つでしょう。どうにも納得できないことばかりでした。

介護学校での教育も技術を優先しているのかもしれません。もちろん介護技術は必要ですし、優れた技術を有するほうが良いに決まっています。しかし、技術は基本をしっかりと身に着けてそれを着実に継続していけば、必ず上達するものです。それが、人間の素晴らしい点だと思っています。ただ、技術だけでは足りないものがあります。それは、ケアのこころともいうべき〝ケアの哲学〟です。

ここまでにもふれてきましたが、特養を建てるからには全室個室にしたい、しなければならないと考えていました。そして、画一的なケアを受ける場ではなく、自宅ではないけれど、それに代わる生活の場にしたいと考えました。その考えから生まれたのが、せんねん村です。

せんねん村の開設を準備していた平成十一（一九九九）年ごろは、従来型の特養のように一フロア全体でケアするのではなく、いくつかのグループ（ユニット）に分けてケアする、今で言う「ユニットケア」の試みが始まっていた時期でした。

当時はそのような動きも詳しくは知らずに、単純に「グループホームがいくつか並んだ形にすればこれまでにないような特養になり、何とか工夫して全室個室にすれば終の棲家として少しは快適な環境になるのではないか」と考えていました。

自分自身が入ることを考えて、従来型の四人部屋ではなく多少狭くても個室にこだわりました。時代を先取りしたとほめてもらえますが、自分が入るならと発想したに過ぎません。

◉ユニットケアはどうあるべきか

最近は「ユニットケア」という言葉をよく聞くようになりました。全室個室・小グループでの生活を重視した施設で、各ユニットには食事や居間、入浴など暮らしの場があり、十人前後の入居者をスタッフがケアする仕組みです。

全室個室・ユニット型のこうした特養が制度化されたのは、平成十五（二〇〇三）年、介護保険制度が導入された数年後です。この改革は〝革命的〟と言われました。

せんねん村は制度化に先駆けて全室個室・ユニット型で運営していました。自覚はなかったのですが、どうやらパイオニアだったようです。入居者と職員の関係づくり、家庭的な雰囲気づくり、ボランティアの来やすさなど〝終の棲家〟として住みたくなる、環境にふさわしいものを追求した結果です。

もちろん、建物がユニット型でも、暮らしを支える「ケア」の仕組みが整っていなければ、ユニットケアとは言えません。

そもそも、ユニットケア施設とは法律で決められたものではなく、厚生労働省の基準で言われているものです。国民に広く周知される機会もあまりありませんでした。そのせいかユニット型施設ではあるが、ユニットケアはできていないという現象が起きていると感じます。

ユニットケアが制度化された当時「ユニットケアはそのうちなくなる」と言う人もいました。私は何を言っているんだと思いました。良いものにして、国民にそれを提示して選んでもらえる、「これでなきゃ嫌だ」と言ってもらえるようなものにしなくてはだめじゃないかと思いました。それが務めだというのが私の考え方です。制度化以前から、パイオニアとしてやってきた使命感は頑固に持っています。

ケアとは看護でもなく介護でもない、〝その人〟に関心を寄せて世話をするという意味の広い概念を表していると考えています。頑張って人生を歩んできたお年寄りに日々満足して生活していただくためには、ユニットケアを後退させることなく推進していくことが大切です。そのためにも「ユニットケアとはそもそも何か」「尊厳ある生とはどんなものか」を、職員と共に今後も常に追求していく覚悟です。

振り返れば、開設当初のケアは幼稚なものでした。おむつ交換チェック表はあっても、そもそも排泄アセスメント（評価）が行われていなかったことがありました。「この人には本当におむつが必要なの」と言いました。また、入居する前の医療機関で経管栄養だった人に対して、本当に口から食べられないか試そうともせず、医療機関の処置をそのまま引きずって疑問に思わないケースもありました。

耳が汚れている人がいたので、「お風呂に入った時にタオルで拭いていないの」とたずねたこともあります。手順書に書かれていないのでできなかったのです。

私は言いました。

「自分がお風呂に入って髪を洗った時は、タオルで耳を拭くでしょう。もしくは、湯上がりに綿棒を使うでしょう。あなたたち自身の生活がケアのヒントなんですよ」

あまりに幼いケアに恥ずかしさを覚えながらも、せんねん村のキーワード「ＬＩＦＥ生活・人生・いのち」に立ち返りながら、未熟なケアを少しずつ改善して今日まで走り続けてきました。

平成十五（二〇〇三）年度にはせんねん村も新型特養（ユニットケア施設）として認められ、私自身も国が義務づけた施設管理者研修を受けました。さらに翌年度には、国が主導して県単位で開催される「ユニットケア実地研修施設」に選ばれました。ユニットケア施設の管理者や介護実務者への教育研修実習施設です。

いつも恥ずかしくないケアが実際にできているかと自分自身と職員に問いかけ、ユニットケアの進化と共に必死で走ってきたという思いがあります。

◉ユニットケアと個別ケア

全室個室・ユニット型の特養が制度化される平成十五（二〇〇三）年に先立ち、前年に国立京都国際会館で武田薬品工業主催の医療系セミナーがありました。その席で笹川記念保健協力財団の創設から理事として携わり、平成二十五（二〇一三）年からは会長を務める紀伊国献三筑波大学名誉教授にすすめられ、特養について話をする機会を得ました。

その席には、厚生労働省大臣官房審議官の中村秀一さんも参加されていて、一緒にシンポジストを務めることになりました。中村さんは私の話に興味を覚えてくれたようで、これが親交を深めるきっかけとなりました。程なく老健局長に就任され、全室個室・ユニット型の特養が打ち出されました。

京都でのセミナーの質問タイムに、次のような質問を受けました。

「ベッド数六十床の病院ですが、今後どうしたらいいでしょうか」

私は「毎日患者さんをご覧になっていてどうですか。ご高齢の方が多いですか。それを見ていると、次に何が必要かは見えてきませんか」と答えました。

質問された人は早速せんねん村を見学し、その後、特養をつくったそうです。ただし、医師に生活のことはなかなか分かりません。土地が安いという理由で人里離れた場所に建てたそうです。

せんねん村は最寄りの西尾駅から車で十分程度、決してへんぴな場所ではありません。しかしここですら、すぐに「もっと町の近くにつくるべきだった」と思ったほどです。バス停も少し遠く、入居した人の友達が訪ねてくるにも車に乗らないといけません。結局、疎遠になってしまいます。

ユニットケアが目指すのは、介護が必要な状態になってもごく普通の生活を営んでもらうことです。では、ごく普通の生活とは何でしょうか。先程来ふれてきた「集団ケア」とは正反対のイメージです。一斉に起床・就寝させられず、排泄が二時間ごとというような個人差を無視した間隔で行われず、食事も学校の給食のように一斉に開始されるものではない。最低限、この条件は守られるべきでしょう。

こうしたケアは、「個別ケア」という言葉で語られるようになっています。入居者一人ひとりの心身の状態や生活習慣、個性を把握してその人のリズムに合ったケアを行うには、病院モデルの建物では難しくユニット型の建物が適当です。

このことを実証したのが、京都大学の外山義《ただし》教授の研究です。残念ながら外山先生は、平成十四（二〇〇二）年に他界されましたが、グループホームや個室・ユニット型ホームの普及に尽力されました。

先生は四人部屋や六人部屋の場合の入居者のコミュニケーション量と、個室の場合のコミュニケーション量の違いを検証されています。六人部屋ですと、ベッドの位置は廊下側・中央・窓側に分かれます。窓際と中央の人は朝起きてベッドに腰掛ける時、窓の方を向いて腰掛けます。廊下側の人は廊下を向いて腰掛けます。

四人部屋や六人部屋の方が同室の人と会話の花が咲くと思いがちですが、お互いに背を向けた姿勢を取り、「おはよう」のあいさつを交わすだけであとは知らん顔という結果が出たのです。

一方、個室の場合はベッド上にいる時間が短くなり、リビングなどの共有スペースに出ている時間が長くなることが分かりました。個室化を進めると居室に閉じこもるという懸念は払拭されたのです。

考えてみれば、多床室の場合はおむつ交換などもその空間でおこなっています。当然、匂いや物音も周囲に漏れます。ちょっと考えれば「これは嫌だよな、ダメだよな」と気づきます。

せんねん村では入居者を小グループ（ユニット）に分けてユニット担当の職員を固定し、自然な形で入居者同士、入居者と職員との親密な人間関係が育まれるようにしています。排泄に関しては、周囲から分からないように配慮し、トイレ誘導も周囲に知られないよう声かけしています。食事については、よりおいしいものを冷めたりしないように、時間をかけずに提供しようと入居者一人ひとりの状態を把握した上で、主菜などは厨房で調理して運び、ごはんはユニットの台所で炊いて出します。

若い頃や働き盛りの頃には分からないことですが、高齢者はたくさんの喪失感を抱えています。まず、経済力の喪失。職業や子育てなどから解放されて訪れる社会的役割の喪失。また、若い時のようにはいかなくなる健康の喪失。ここには認知症も含まれます。喪失感を抱えるとどういう精神状態になるかといいますと、鬱《うつ》症状が出ます。鬱までいかなくても、寂寥感《せきりょうかん》や孤独感といった症状が出やすいのです。

特養に入居するということは引っ越しと同じです。それまでに培ってきた人間関係をいったん失い、新しい環境の中で新たな人間関係を築くことを強いられます。高齢になるほど変化への対応は難しく、認知症があれば非常な苦痛を伴います。

変化に伴う痛みを緩和し、孤独感・寂寥感を和らげることができるのは、ユニット型施設で提供する個別ケアだと考えます。せんねん村の職員体制は、入居者一・七人に対して職員一人です。基準よりも多い職員配置を行っているのは、一人の入居者に関わる時間を多くするという考えからです。

ちなみに、個別ケアという言葉について少し補足したいと思います。集団ケアを行う場合でも、その人と向き合うわけですから実際に行われているケアは「個別」です。

では、個別ケアの真にあるべき姿とはどんなものでしょう。せんねん村では、単なる個別ケアではないケアを目指そうと言っています。名付けるなら、個別ケアを超えたケア「ニューケアシステム」です。

◉理想と現実と志

話を、開設当初に戻しましょう。

せんねん村がオープンして数カ月、八角堂の仕事机に向かっていました。仕事机といっても、キッチンのカウンターにつながっているテーブルです。せんねん村には施設長室は造りませんでした。

春が近づき、日差しが少しずつ長くなって池の水面に反射した光がゆらゆらと軒天《のきてん》に映っていました。一刻も止むことなくゆらめき、二度と同じゆらめきは見られません。自然は、常にこうして絶えず変化するのだと思いました。

「私はこの場所に居て、庭の眺めを楽しみ、自然の移ろいに気づいているけれど、村人さんはどうかしら？　スタッフは忙しくて外を眺めるゆとりもないのではないかしら」

ふとこう浮かびました。そして、同時に思いました。

「ここに来られた村人さんは本当に幸せなのだろうか？」

せんねん村は一つの成功事例だとは思います。しかし、慣れ親しんだわが家を離れ、それまでの人間関係も断ち切らざるを得ず、来たこともない土地に連れて来られた人がほとんどです。

私の知る限り、開設当初に自分でせんねん村に入りたいと言って入居したのはただ一人でした。その人はせんねん村の町内の出身でした。かつて住んだ家を眺めることのできる部屋に入居しました。その家は、後になってせんねん村小規模通所介護事業所として借りることになります。

他の人たちは、全て家族の意思によるものです。多くの人が長期間入院したり、老人保健施設に入所していて、直接家庭から入居するという人は少なかったものです。

部屋は自宅に比べてどうしても手狭ですし、ユニットごとに居間や台所もありますが、やはり自宅とは違います。使い慣れた家具や好きだった物も手放して、個室とはいうものの一歩自分の部屋から出れば、共同生活の場になるのが施設です。家庭ならば、自分の部屋以外でもやはり「自分の家」として気を使わずに済みます。

そんなことを思っているうちに、いつの間にかこの施設を造るのにどれだけの費用がかかったのかと考えていました。入居者と通所利用者を含めて、一人当たりざっと一千万円以上の費用がかかっています。しかも、土地代は別です。

このときに思いました。

「五人家族として、建築費五千万円の家に住んでいる人がどれだけ居るだろうか。建築は大規模になるほど割高になっていく。大規模だから地価が高い街中には建てられず、人里離れたところに建てることになる。面会に来る人も、遠くて交通の便は悪いし、ましてや入居者と同年代の人なら誰かに連れてきてもらわなければ来られない」

そこで、これからは大規模な施設を造ることはやめようと決めました。顔が見える範囲が望ましいので、できれば小学校区くらいの範囲がいいと考えました。

また、ある医療法人が開設した全室個室・ユニット型の老人保健施設の部屋代が、月八万円と知ってあ然としました。大都会ならばいざ知らず、西尾のような町では月五万円くらいで2ＬＤＫバストイレ付の共同住宅が借りられます。この方が、住環境としてははるかに住心地が良いはずです。市場原理に即さない高い部屋代を払ってでも、入所せざるをえない人々がいるのです。

しかし、なぜか特養となりますと介護保険制度が導入されたとはいうものの、措置時代と変わらずに安価であること、低所得者への配慮が求められていました。もちろん、地域貢献や低所得者への配慮などは、社会福祉法人の責務として当然のことだと思っています。実際に、生活保護を受けている人への減免措置も行っています。

措置時代の名残が残った状態の考え方が強いのは、やはり人間はそうは簡単に変わるものではないからでしょう。また、固定観念にとらわれてしまって、いつの間にか「そうでなければならないのだ」と思い込んでいると思います。

例えば入院療養中は、食事などが制限されても仕方ないと思っています。なぜか特養も、その延長線上で考えられているところがあるように感じます。特養とはこんなもの、自宅ではないからしょうがないという気持ちがどこかにあるのでしょう。人間の先入観・固定観念、思い込みはつくづく怖いと思います。

言われたことを我慢して受け入れる。それは日本人の美徳ではありますが、安易な道を選んでいるとも言えます。どんな場合でも、安易な道を選んで良い結果は出ないというのが私の考えです。成功している人はみな安易な道を選ばず、むしろ難しい道を選んでいる。成功者の共通項だと思います。

こう言いますと「それは、成功したから言えるんだ」と思われるかもしれません。しかし、難しい道を選んでいる人は常に考え、常に求めていると思います。探求者です。

◉グループホーム開設へ

介護保険制度が導入されるときに、市場開放されたのがグループホームとデイサービスでした。これらはＮＰＯ法人、有限会社、株式会社、医療法人、社会福祉法人、日赤等特別法人などが容易に開設できるようになりました。しかし、特養は社会福祉事業の第一種で、社会福祉法人しか開設できないという違いがあります。つまり、特養に比べるとグループホームの方が部屋代は自由がききます。

せんねん村のサテライトとして、少しでも市街地に近いところに認知症グループホームをつくりたいと願いました。認知症のある人の世話は家族だけでは負担が重すぎ、かえって認知症を悪化させることも知っていました。小規模の施設を点在させて、本当の〝村〟にしたいと思いました。

そんな折、願ってもないめぐり合わせで西尾駅から徒歩十分ほどにある農地の地主さんが「ここを使ってくれないか」と言われたのです。土地は細長く、建築にはひと工夫必要でした。せんねん村を造った建築家集団の一人が担当して、昔の長屋みたいな建物ができました。一ユニット九名、二ユニットのグループホームです。土地の面積も十分ではありませんでしたので、居室面積は基準いっぱいのものしか造れませんでした。

居室は四畳半です。決して広くはありません。広くすれば部屋代を高くしなければならず、西尾ではこのくらいが相場ではないか、入りやすい金額ではないかという金額に落ち着きました。

名称をどうするかということになったとき、私は公募にしようと提案しました。せんねん村本体をつくったときもそうでしたが、職員の意見を尊重したいというのが常日頃の考えです。

私が誘い水として出した「千寿」「万寿」、「寿という字が使いたいんだけど」と言いましたが、「お酒の名前ではダメです」とつれなく却下されました。これがうれしいのです。私の意見だからと、もっとよい案があるにも関わらず提案できないとしたら支配的管理以外の何物でもありません。

職員からはさまざまな意見が出ました。メールで投票して決まったのが「せんりょう」「まんりょう」です。西尾は植木の産地です。正月には必ず顔を見せるめでたい赤い実「せんりょう」「まんりょう」です。これほど素晴らしい名前が出てくるとは、センスの良い職員がいるものです。

半ばふざけて「千寿」「万寿」と言ったのですが、そこから「せん」と「まん」が導き出されたと思っています。賞金はもちろん、名づけた職員に渡りました。こんな遊び心が好きです。

理想としては最低でも六畳間、板の間一畳、押し入れ半畳は欲しいと思っています。しかし、くどいようですが、いただかなければならない部屋代のことを考えると広いほど良いとは言えなくなります。

こうしてせんねん村のグループホーム「せんりょう」「まんりょう」は、平成十六（二〇〇四）年にオープンしました。

◉理想の施設を追い求めて

じきに、せんねん村本体のショートステイが常に満床で、使いたいときに使えないというクレームがくるようになりました。それも、かなり強い口調でした。うれしいクレームと言うべきでしょうが、しかしクレームはクレームです。

使いたいときに使っていただけるように空室を常に用意しておくような余裕はありません。ホテル業と同様に人件費は固定費として支出されますから、稼働率を上げなければ給料も払えないということになりかねません。そこでショートステイ専用施設を造りたいと思いました。

私自身、ショートステイは家族にとってリフレッシュできるよい制度だと思っています。普段は在宅で家族がヘルパーの協力を得ながら介護していても、気を休める暇がなくて、こころも体も追いつめられていくことは容易に想像できます。

介護とは、二十四時間・三百六十五日のいのちの営みを支えるものです。毎日、気が抜けず、夜も昼もないと言っても過言ではありません。多くの場合、介護者は女性です。もっとも、最近は奥さんが脳卒中などで倒れて、ご主人が介護している姿をよく見かけるようになりました。しかも、かなり若い人が倒れています。これまで、仕事一筋で家事は任せきりだった男性が、ある日突然介護者になる……困惑のほどは容易に想像できます。定年退職後であっても、不慣れであることを毎日せざるを得ないのです。

子どもがいても多くの場合は核家族です。子どもたちにはそれぞれの家庭があり、生活があります。介護保険を利用したとしても、二十四時間・三百六十五日のケアを支えるのは大変な労苦です。

在宅が理想には違いないのですが、在宅で最期までを迎えるのは簡単なことではありません。もちろん意思決定し、社会的サービスをフルに使ってということであれば可能です。しかし、その状態が何年続くか分からないのですから、経済的なことも問題になってきます。自分自身でこころと体をコントロールして、最期の日まで元気に過ごしたいと願うのは、私一人ではないでしょう。

その点、全室個室・ユニット型の特養は、三十年以上も特養を観察してきた私が「これならば、終の棲家として辛抱できるのではないか」と思えるものです。

全室個室・ユニット型の居室面積なども、制度誕生以来変化してきました。最初の十三・二平方メートルも欧米の基準からいえば狭いですが、うさぎ小屋と揶揄される日本の家屋のことを考えれば、少し贅沢かもしれません。

面積が広ければ建築費もかかり、維持費もかかります。それは、全て国民の負担になるという厳粛な事実を忘れないでいたいものです。

せんねん村開設後も、グループホームを始めとしてショートステイ専用施設、地域密着型小規模特養などを開設してきました。その結果、行き着いた居室面積やトイレ、洗面所の配置、そして、極力建築コストを抑え、部屋代も高くなく、維持費もエコの最先端を入れることで抑えることが可能となったのが、第二せんねん村です。平成二十六（二〇一四）年のことです。

名称は、いつもの方法で職員が考えてくれました。第二せんねん村とせずに、「せんねん村矢曽根《やぞね》」です。発祥の地は「せんねん村平口《ひらくち》」となりました。

矢曽根地区には「グループホーム矢曽根せんりょう・まんりょう」、「矢曽根ショートステイはなれ」、「小規模特養　矢曽根の家」、「特別養護老人ホーム矢曽根」が集まっています。西尾駅から徒歩十分ほどです。なるべく市街地に近く、気軽に買い物に行けるところにつくりたいという念願がようやくかなったと言えます。

現在は平口と矢曽根のほかに、吉良地区（宮崎・吉田）、富山地区に事業所が点在しています。宮崎と吉田に一ユニットずつあるグループホームを統合して二ユニットにすることも考えています。少しでも夜勤スタッフのストレスを軽くするためです。

◉「自宅ではない住まい」

講演会などで、一般の人に向けて特養について話をする機会があります。そんな折、せんねん村を紹介する時は「特養にもいろいろあるんですよ」として「自宅ではない住まい」と説明します。

最近はサービス付き高齢者向け住宅（サ高住）が誕生し、国土交通省の補助金も出て急速に数が伸びています。これこそ「自宅ではない住まい」と国が表現しているものです。介護サービスは外付けとなり、必要になれば訪問介護や通所介護を受けることができます。

せんねん村の建物は、どれも木をふんだんに使っています。無垢材や土壁を多用した建物は施設然とした建物のイメージとはほど遠く、周囲の自然に溶け込んだ木造集合住宅のように見えます。訪れた人は「気持ちが落ち着く」と言ってくれます。

村人さんの住まいは十人前後ほどが暮らすユニットごとに、共有の居間や食堂、オープンキッチンの台所があり、いつでも入れる家庭サイズの風呂があります。すべての個浴にリフトを設置し、臥位式機械浴槽などは施設全体で保有しています。カウンター越しに見える台所には冷蔵庫や炊飯器などが置かれ、厨房スタッフがここで調理して食事を出すこともあります。ごく普通の住まいのような感覚です。

住まいですから、家庭ではやらないような飾りがあっては不自然です。木の風合いに合わない家具は却下ですし、壊れて修理できないものや汚れが取れなくなったものはすぐ処分します。一方、生花や鉢植え、雑誌など生活の潤いになるものは歓迎です。今では、ユニットごとに異なった〝家庭の雰囲気〟が出てきています。

こうした各ユニットの設えについては、見て回るごとにチェックして〝意地悪ばあさん〟のように指摘してきました。今では互いに参考にし、まねしたりされたりして設えを整えています。模様替えも行われます。これも家庭と同じです。

せんねん村矢曽根

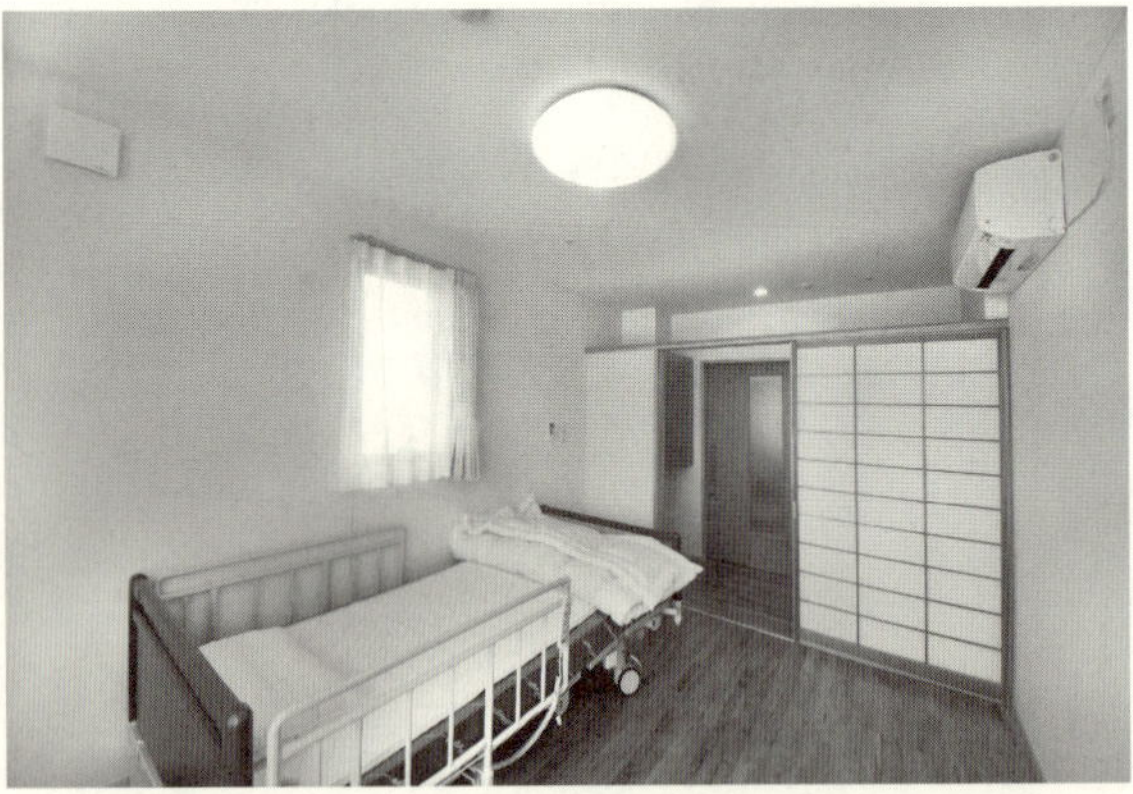

居室

第5章

言葉の力

◉理念を現場へ

理念は言葉で表せます。しかし、現場は理念を棒読みにするのではなく、行動や表情、しぐさ、言葉使いで示さなければならないと考えます。

職員に理念を分かりやすく説明するには、どうしたらよいだろう。新しく入ってくる人たちには、どのように伝えればよいのだろう…。

若い介護職員にとって、死ははるか遠い存在です。いつ来るか分からない最期のときを想像することは難しいでしょう。「せんねん村で暮らした日々が一番良かったよ」と言ってもらえるようにするためにはどうすればよいのか、具体的なイメージが湧かないのではないかと気づいたのです。

このようなことを考えたのには理由がありました。前章でふれましたように、せんねん村は平成十六（二〇〇四）年度から「ユニットリーダー実地研修施設」に選ばれています。そして、ユニットリーダー研修の実地研修施設は二年に一回評価調査を受けることが義務付けられています。

その評価調査は、書面による自己評価に加えて評価員が施設を訪問して行われます。

訪問調査の際に、現場を回る調査員がまず尋ねるのは施設の理念です。

せんねん村の理念は「こころ　のびのび　からだ　いきいき　いのち　きらきら」です。ひら仮名書きで簡単な理念ですから、オープンして日が浅くても、容易に答えてくれると思っていました。けれども、すっかり緊張してしまって答えられなかった職員がいました。

入社時には「『こころ　のびのび』は、とらわれのないこころのことです。例えば、この人は認知症と決めつけないことです」と説明しています。

繰り返し聞く機会があるリーダー以上は理解できても、その他の職員は覚えている人が少ないのではないかという懸念はありました。また、オープンして間もなくはリーダーも若くて経験も浅いために、業務をこなすことに精一杯で理念を伝える余裕などないだろうと思いました。

そこで、掲示する理念の下に「今日も良い日でしたと言っていただけますように」と書き足しました。そして、理念の示すものはと尋ねられたときには「今日も良い日でしたと言っていただけるようなケアのことです」と答えるようにし、掲示だけではなく各ユニットでのミーティングの度に理念を確認することを習慣にしました。

これによって「今日一日、村人さんに喜んでいただけるように頑張ろう」と自分の具体的な行動が計画でき、実践につながりやすくなりました。それが現場職員のこころに響いたのか、今では村人さんに「今日も一日良い日でした。ありがとうございました」と言って帰宅するようになっています。村人さんも笑顔で「今日も良い日だったね」と言ってくれるようになりました。

一方で、看護師たちは医療に近く、きちんと看取るという責任があるからでしょう。「これまでの人生いろいろあったけれど　せんねん村で暮らした日々が一番良かったよ」という言葉を、看護実習生などには伝えているようです。

◉言葉の力

介護でも看護でも、ヒューマンサービスと言われる仕事はサービスそのものに人間性が出てきます。べらんめい口調でポンポンとものを言う自分自身のことは棚に上げて、職員に対しては「利用者に対しては丁寧な言葉を使いなさい」と言っています。

言葉は意識です。やってみると分かるのですが、丁寧な言葉を使いながら荒っぽいことはできません。丁寧な言葉を使えば、いきおいケアも丁寧になるのです。それをくどいほど言い続けています。

ところで、最近はカタカナ語がどんどん増えてきています。例えば、以前は「腸内細菌」と言っていたものを、「腸内フローラ」と言っています。細菌と聞くと、汚い感じがするというのが理由のようです。しかし、細菌の中には良い細菌も悪い細菌もあります。それを踏まえてフローラという言葉を使うなら良いのですが、イメージだけで安易に流されている気がします。

もちろん、カタカナも日本の字です。もとの言葉が英語、フランス語、ドイツ語、ギリシア語だったりしても、いろいろ外国のものを取り入れて自分のものにしてしまうのが日本の特徴でもあります。

とは言うものの、母語を大切にすることは大変重要です。母語を奪われた民族は滅亡するというのは今までの歴史が物語っています。日本語を大事にしなければなりません。会議の席で、四字熟語などを示して日本語の授業のようなことを行っています。ほとんどの若い職員は知りません。噛んでふくめるように意味を伝えます。

最近は本を読むことが少なくなったと言われています。「三行以上は読む気がしない」と若い職員が冗談のように言うことがあります。私は「言葉が大事」と口を酸っぱくして言い、「漫画でもいいから読みなさい」と言っています。

漫画をバカにする風潮もありますが、四コマ漫画などはある意味で俳句の世界に通じるような奥の深さがあります。漫画だからとバカにせず、とにかく本を手にすることが大事です。

難病を患い体を壊した時にも、言葉に関して気づきがありました。入院して検査をすることになったのですが、病室に来るナースが全員、私にこう言いました。

「明日検査ですね。苦しいけど頑張ってくださいね」

苦しいけど頑張れって、何を頑張れば良いのかと腹が立ちました。

「その苦しいはどういう苦しみなんですか。それを軽くするにはどうしたらいいかを考えたいけれど、分からないから頑張りようがありません」

私は医師にこう言いました。すると医師は「腹式呼吸で頑張ってください」と言ってくれたのです。「それならヨガでやっているから頑張れます」と答えました。苦しいけどと言われますと、誰でも不安に思います。病気の身で医療従事者に言われればなおさらです。

「しばらく呼吸ができない時がありますが、その時は腹式呼吸をすれば楽になります」

そう言われれば不安もやわらぎますし理解もできます。しかし、残念ながら言葉はどんどんこぼれ落ちてしまいます。自分の発した言葉を相手がどう受け止めるか何も感じずに、そういう言葉をかけてもいいんだと思ってしまう鈍感さを怖いと思いました。そして患者は多くの場合、質問もせずに不安な気持ちを抱えたままです。余計にパニックになります。

ちょっとした言葉で雰囲気は大きく変わりますし、人間関係に影響します。例えば、トイレでケアをしている最中、ある職員がつい大きな声を出したことがありました。ユニットリーダーに聞きますと、自分がいる時はそういう感じではないということでした。「あなたは、リーダーがいないときには大きな声で怒鳴るそうですね」と聞くわけにもいきません。

現状についてユニットリーダーたちに尋ねました。どのユニットにもそういうスタッフがいることがわかりました。あるリーダーは「その人は、その時にＳＯＳを発していると思います」という答えが返ってきました。ケアをしている職員は、トイレという密室の中で困ったんだろう。自分もまだ新人のころにどうしたらいいか分からなくて、つい大きな声を出したことがあったと言うのです。

なるほどと思いました。そう受け止めれば、対応の仕方が違ってきます。そこで、誰であれ大きな声に気づいたら、外から「何か手伝おうか」と声をかけるとことをルール化しました。

言葉には力があります。

「何か手伝おうか」

そのひと言が雰囲気を変えてくれるのです。

「自分は一人ではないんだ。助けてくれる人がいる」と気づいてもらい、お互いが支え合い、助け合って気持ち良くケアをしていけるようになっていきます。ケアの質が向上します。

◉パーソン・センタード・ケア

人を表す英語には、ヒューマンやマン、ピープルなどいろいろな単語があります。パーソンもその一つですが、パーソンには「個人」というような意味合いがあります。

ここでお話する「パーソン・センタード・ケア」とは認知症の人を個人として尊重し、その人を中心にして、その人の立場で考え、ケアを行っていこうというものです。認知症の人は「何も分かっていない」「BPSDをする」と思われていた時期があります。そのため、ケアはなおざりで流れ作業的なケアが横行していました。

しかし近年は研究が進み、年を重ねれば誰でもなる可能性のあるごくありふれた病気であることや、困っている時だけ手をさしのべて、なるべく自分でできる方法を考えて本人に選んでもらうことが大切だと分かってきました。

さらに、ＢＰＳＤといわれるものにも理由があると分かってきています。例えば、認知症でない人に、当たり前でないことをしたら普通は怒られます。認知症の人の場合は、当たり前でないことをされても嫌であると説明ができません。ＢＰＳＤとして表現するより方法がないのです。

「認知症だから何もできない」といった思い込みや押しつけが最も危険です。できることとできないことを見極めることが大切です。認知症の人を理解する基本は「人間理解」なのです。核家族化が進み、高齢者や認知症の人と同居した経験のある若い人は減っています。

施設にいるお年寄りを見て、「ぼーっとしていて寂しそうですね」と言う人がいます。しかし、私自身、年を重ねてから時折ふと自分の子どもの頃の、普段思い出しもしない光景をぱっと思い浮かべたりすることがあります。

新しいことは覚えられないけれど、古いことはよく覚えていると言います。思い出すことがいっぱいあるので、もしかしたら寂しくないのではないかと感じています。思い出し笑いをしているような、あんな感じです。最近になってそんな感じがして仕方ありません。寂しそうだという決めつけは、してはいけないと思います。

寂しそうだと感じたら声をかけてあげて、本人が嫌でないようならしばらくおしゃべりを楽しめば良いのです。常に相手の表情を見て、おしゃべりの時間を調整します。お茶を飲みながらならなお良いサービスです。

入社式や新人研修の席で、また折に触れて認知症の人は何もできないと決めつけてはいけないことや、パーソン・センタード・ケアについてこのように繰り返します。

村人さんに対してだけではなく、職員同士や仲間同士でも、家庭にも、そして社会全体にもパーソン・センタードの態度は求められると考えます。目をそらして話をするようなことがないように、きちんと向き合って話をする。パーソン・センタードの態度が広がれば、もっと暮らしよい社会になっていくのではないでしょうか。

日本というと大きく構え過ぎですので、まずは西尾をパーソン・センタードの社会にしたいと思っています。それが私の使命だと思っていますし、それに取り組むために病気から復活して、今こうして元気にさせていただいたのだと思います。神仏に感謝する毎日です。

◉真に安楽なケアを考え続ける

これまでにもふれてきましたが、せんねん村は原則としておむつを使いません。ただし、まったくおむつを使うなということではありません。ちょっと失禁しただけで、むやみやたらにおむつを使うなという意味です。

年を重ねると、どうしてもいろいろなところが緩んできます。くしゃみをしただけで、腹圧がかかって失禁するということはある程度の年齢になった女性なら経験することです。それなのにすぐにおむつにして、汚れても二時間ごとの交換しかしない……そういうケアはやめましょうと言っているだけです。

徐々に介護度が重度化して寝たきりになりますと、筋肉や関節の拘縮《こうしゅく》が始まります。せんねん村ではできる限り重度化しないように、拘縮が進まないようにケアをしていますが、他所から転居してきた人の場合、すでに拘縮が始まっていてどうしようもない人も少なくありません。

ある職員が何とかおむつをせずに済ませようと、拘縮が進んでひざがくっついてしまった人に、はくパンツを用いているのに気づきました。はかせる職員も、はく人も大変です。片方はかせて寝返りさせるだけでも大仕事です。それは、本当に安楽なケアでしょうか。

テープ式紙おむつは使いたくない、使ってはいけないと思い込んでいたようですが、その人の場合は、むしろテープ式紙おむつにしたほうが安楽です。

テープ式紙おむつにもいろいろな種類があります。ある職員はテープ式の布おむつのメーカーを覚えていて、情報を提供してくれました。肌への負担の少ない材質で吸水量が十分あり、横漏れしないものなど多種のサンプルを試験して、おむつの変更を検討しました。一人ひとりに合ったおむつを確認するのですから、かなり時間がかかります。

相手の状態に合わせて変えていかなければプロとは言えません。おむつを使ってはいけないと言われたので使わないというのは素直と言えば素直ですが、思い込んでいます。

ほかにもっと良い方法はないかと、常に考えを巡らせていてほしいのです。「どう思う」「これは違うよね」など、くどく、しつこく指摘して改善するまで言い続けるのが私の仕事だと思っています。どうにも漫然となりがちなのが人の常です。これも時に注意していく必要があります。

◉思い込みで物事を進めない

ユニットリーダー研修で、せんねん村に来ていた人と話していた時のことです。すでにユニットリーダーとして経験を積んでいました。目指すものを尋ねましたら「楽しい職場です」という答えが返ってきました。今までずっと楽しい職場にしたいと思ってきたけれど、最近どうもうまくいっていないと言うのです。

私は意地が悪いので「あなたの楽しいってどういうことですか」と問いました。すると「入居者の方を、ご家族と一緒に一泊で温泉に連れて行ってあげたりすることです」と答えました。

そう思ってやってきたけれど、最近になってスタッフから「特養でそこまでやる必要はないのでは」と言われ、どうしたらスタッフを説得して続けていけるだろうかと相談されました。

「確かに、そういうことをしてあげたいという気持ちは分かります。旅行ができた入居者は喜んでくださったでしょう。ただし、すべての入居者が旅行できるわけではなく、家族のいらっしゃらない人もいるはずです。そういう人にはどういう心遣いをしていますか」と尋ねますと返事はありませんでした。

そこで、私は「例えば施設で夏祭りを行ったとしても、外に出て来られないユニットに残っている人の方が気にかかります」と言いました。旅行をさせてあげたいなら旅行代理店などのプロに任せればいいじゃないですかと。

最近は、家族側からの希望は減っているということでした。確かに、頻繁では家族も疲れます。

さらに、つけ加えました。

「こういうことがやりたいというのはあなたの思いであって、ご家族やほかの方の思いではないのかもしれません。自分だけで思い込んでやろうとしても、部署員はついて来てはくれませんよ。スタッフが何をやりたいと思っているかを聞き出せば、みんなが協力してくれます。君が中心になってやってくれないかと言えば、その子は一生懸命やるでしょうし回りもサポートしてくれるでしょう。これが私のやり方です」

人間は自分の好きなことや得意なことができると幸せです。そういう心理を読み取らず、自分の思い込みだけでは物事は進みません。

◉せんねん村キャリアパス・プロジェクト

せんねん村は平成二十八（二〇一六）年に十五周年を迎え、さまざまな改革に取り組んでいます。職員にキャリアアップの道筋を示す「キャリアパス・プロジェクト」の構築もその一つです。

現場の職員がキャリアパスを作っています。他の施設ではコンサルタントに頼むようですが、現場のことを知った職員が作るのが一番良いと思っています。職員が名付けて、いわく「せんねん村キャリアパス（ＳＣＰ）」だそうです。

平成二十七（二〇一五）年六月にキックオフし、社会福祉法人愛知県社会福祉協議会の福祉人材センターの協力を得て月に二回程度、会議を進めてきました。

キックオフ時のミーティングでは、せんねん村だからできるオンリーワンを目指そうと「MAKE ENJOY INNOVATION KEEP OPEN」が掲げられました。

その後も「人材育成の見える化」をプロジェクト理念に、「ひとりひとりが働きがいを持てる魅力ある職場作り、せんねん村の事業継続」をプロジェクト目標に、プロジェクト方針の「TRY ENJOY NEED KEEP OPEN」に沿って進めました。

既に一段落して、原案はほぼ完成しています。一年未満の「初級」、二・三年からの「中級」、上級・スペシャリストへと進む「スペシャリストコース」と、スペシャリストからリーダー、マネジメントを目指す「マネジメントコース」があり、階層ごとに必要とされる技能や意識、教育などが事細かに定められて形になっています。

開設当初から職員の質を上げることを課題とし、教育を重視して行ってきたのは事実です。せんねん村キャリアパスの出来栄えを見て、改めてうちのスタッフはすごいな、ありがたいなと思っています。

◉ニコちゃんマークでケアの見える化

平成二十八（二〇一六）年四月、新人研修がまだ落ち着いていない時期でしたが、ゴールデンウィーク前に職員の個人面談を始めました。

個人面談は、職員の状況や今後の希望が聞き取れる貴重な機会です。この年から従来一時間だった面談時間を一時間半に延長し、じっくりと話を聞きました。ここで、現場のいろんなことがもっとよく見えてきました。

ベテランの法人研修部の副部長と面談したときのことです。彼女は長らくショートステイを担当して、せんねん村ショートステイ矢曽根の立ち上げにも関わってくれました。彼女が「特養に久しぶりに入ってみて、いろんな気づきがあった」と話はじめました。

「こういう言い方、こういうアプローチをしたら、村人さんはやっぱりいい気持ちはしない。怒るだろう」と思える介護記録があったそうです。誰がそれを書いたかは分かるけれど、夜勤帯のことなので彼女はその現場を見ていません。つまり、その記録だけでは判断がつかず、研修担当として指導をしようにも何とも言えないというわけです。

さらに聞いていきますと、誰々が夜勤の場合は翌日に不穏な人が多いなど、どこのリーダーも分かっていました。介護記録を見ただけでおおよその見当はつくのです。それでも、現場を見ていないからなかなか注意しにくいところがあると言うのです。

なるほどと思いました。そこで、自分のケアを見える化する仕組みを作ろうと言いました。それは、今まで私が温めていたプランの一つです。

良いケアをしてにこっと笑ってもらえたら「ニコちゃんマーク」。ごく普通の顔だったら「普通マーク」。介護拒否や、夜見回りに行ったらご機嫌斜めだったので一生懸命なだめようとしたけれども、やっぱりダメでしたとなったら「泣きべそマーク」。この三パターンくらいに分けて、自分で相手の反応をシールか何かで残しておこうというものです。

記録に書いて残すのは大変ですが、シールを貼るぐらいなら簡単です。色分けすれば視覚的に一目瞭然です。全部のケアにはできなくても、勤務時間中に印象に残ったものだけでもまずは取り組んでいく。これを介護記録と付き合わせますと、ケアの中身がある程度分かる＝見える化できるというわけです。彼女はすぐに「それ、いいですね」と賛同してくれました。

ニコちゃんマークでケアの見える化ができれば、一人ひとりのケアの傾向が分かります。ニコちゃんマークは5点、普通は3点、泣きべそは1点など点数化してデータ化もでき、人事考課にも役立ちます。「次の個人目標として、こういうことをやるといいよね」「ここをもう少し勉強するといいね」「こういうことに気をつけよう」と具体的に話すことができます。

特養、ショートステイ、グループホーム、それにデイサービス、夜勤だけではなくどのエリアのどの部署でも、自分で自分のケアをふり返るよすがとするためにも取り組んでいこうと思っています。日々蓄積して一年分のデータを集めますと、いろんなことが見えてくるのではないでしょうか。

◉伝え方、教え方

せんねん村では、入社して一カ月後に総務課の人材確保の担当者が面談を行います。新人たち全員の結果をまとめた報告書を見ていましたら「指導する人によって教え方が違う」という記述に目がとまりました。

教え方が違うのは当たり前だと思います。しかし「当たり前だと思う」と言っていては、皆に納得してもらうことはできません。それについての答えも、面談の中で出すことができました。

既述の法人研修部の彼女が、面談時にこう言ったのです。

「おむつを交換するときですが、私の場合は寝ていらっしゃるとき、こういうふうにはくおむつをします」

「私の場合は」という言葉にピンと来ました。

「やっぱりその人によってやりやすい方法ってあるはずですよね」

「そうですね」と彼女は言います。

そこで、教えるときに言葉が省略されていることに気がつきました。「こうして、次はこうやって」と手順だけを教えていると分かったのです。

例えば、おむつ交換の手順書には、準備する物や温かいおしぼりでふくといった心得などが示してあります。ただしそれは、あくまで手順です。体の向きや利き手など一人ひとりにやりやすい方法があるはずですが、それにはふれていません。

せんねん村の部屋は、あまり広くありません。そのため、ベッドの片側は必ず壁につけてあります。そのままでおむつ交換がしにくい場合は、ベッドを部屋の真ん中に出して逆側に回り込んで介助すればいいのですが、面倒なのでやりにくいまま介助して、腰を痛めたりしています。

若い時は無理がききます。「これをやると腰を痛めるよ」と言われてもピンとこないのでしょう。それでも、この道で長くキャリアを重ねていくためにはその手を抜いてはいけないのです。つまり、教える時には「私はこういうやり方をしています。あなたは自分の体と介助する村人さんに合わせて方法を考えましょう。さあ一度やってみてください」と言うべきなのです。

自分は分かっているので、言葉はどんどん省略されていきます。「きちんとやりましょう」はよく使う言葉です。しかし、そう言われても、何をどうきちんとするかが分からないのです。「しっかりしましょう」と言われても、どういうことがしっかりなのか分かっていないのです。分かっていないのに、「きちんと」も「しっかり」もできなくて当たり前です。

例えば、以前に疥癬《かいせん》が発生し、再発したとします。その時に関わった看護師は「前に経験したとおりにやればいいよ、きちんとやってね」で済ませてしまいます。しかし、職員は入れ替わりますし、全部署員が以前のことを知っているかといえばそうではないのです。

「前にしたとおりに」ではなく、その都度新しい疥癬だと思って取り組む。そうでなければ質は維持できないのです。

◉成長確認シート

せんねん村では、入社して六カ月で習得する目標を独自の「成長確認シート」にまとめています。六カ月以降は、このシートを年度の上期と下期の振り返りに使用しています。

シートの内容は、「理念について」「プロとしての心構え」「チーム内のコミュニケーション」「家族との関わり」など細部におよびます。同じことを何度も何度も繰り返して、できているかを確認していきます。

ちなみに、職員には新人もいますが中途採用者もいます。中途採用とはいえ介護は未経験の人もいますし、転職でせんねん村のケアは未経験の人もいます。その人がどういうバックグラウンドをもっているかで、教育の仕方は変わって当然です。

中途採用の研修はおざなりになりがちです。そこを克服するために職員と話し合いながら、今後大きく変えていこうとしています。

さて、成長確認シートですが、一方的に上から評価するのは良くありませんので、教育担当が採点してコメントを書く欄のほかに自己採点の欄も設けています。自己採点を見ますと、人によって自己肯定感の高い人、低い人が分かります。

教育にはほめて伸ばす、しかって伸ばすという方法があります。ほめて伸ばすのも良いし、しかるならしかり方を考える必要があります。人を育てるのは難しいことです。こちらも、休まずに勉強をしていかなければいけません。せんねん村の教育システムを創り上げること。そして、それを粛々と行っていくことが大切です。創り上げても行わなければ無意味です。

手前味噌ながら、こうした実践力と持久力は我ながらせんねん村はすごいなと思います。

世の中には〝三日坊主〟という言葉がありますが、これは自分を甘やかす言葉だと思います。三日やってやめるからいけないのです。四日目に休んだらまた三日やれば良いのです。合計すれば七日で一日お休みです。それをずっと続けていけばいいでしょう。年間は五十二週あるわけですから、週に一回くらいお休みしてもかなりの日数は行っていることになります。二日休んでもいいと思います。とにかく、やめずに続けることです。やめてしまう人、自分に甘い人が多いのは残念です。

続けてこそ、良さが分かるというのが持論です。続けないから良さが分からないのです。「ヨガ美健の会」の西村和子先生も私も、病気でとことん体をこわしました。それゆえにヨガのありがたみが分かります。わずかずつでもいいから続けようと思っています。

どんなことでも、良さが分かる前にやめてしまうのはもったいないことです。中途半端で終わってしまいます。行ってみもせずになんだかんだ言う人は、人生で得られるものを得ようとしてはいけないのではないでしょうか。

なにごとも、継続すればできるようになります。技術も知識も積み重ねていけば必ず上手くなるのです。ただし、人間性だけはそうはいきません。人間性は継続しても身につくものではありません。ただ習うだけでは、人間性を磨くことはできません。自分自身で思索し、悩み、考え、実践すること。それが必要だと思います。

自分はどう生きてくべきか、命ってなんだろうということを深く考えない人が多いように思います。人間性ばかりは、自分でよほどの努力をしないと身につきません。

◉くどく、しつこく、何度でも、分かるまで

最近は「せんねん村は人を育てるのが上手だ」とよく言われます。ただし、私に言わせれば、くどく、しつこく、何度でも、分かるまで、口を酸っぱくして、繰り返し、繰

り返し言っているだけです。職員には「何度も、何度も、しつこく言うよ」と宣言しています。いつの間にか言わずにすんでいるな、変わったなというのが理想です。

ふと見ると、せんねん村の外回りの街灯が切れているのに気づく。そんなことも、開設当時はよくありました。帰る時に気がつかなかったの？　と何度も言っていたものです。施設長は、ホテルや料理旅館の女将みたいなところがあると思います。

「ホテルの照明が切れていたらどんな気がする?」

「建物の手入れが行き届いていてなければ、ケアもいい加減だろうと思われますよね」

「ホテルや旅館なら、お客さんは怒りますよね」

よく、「○○さんは頑張っています」と聞きますが、気をつけなければいけない言葉です。頑張っているのは分かっています。でも頑張る方向が間違っていたら、元も子もありません。

介護の仕事には、どこか特別なことをしている、良いことを一生懸命しているという感覚がつきまとうかもしれません。しかし、私はそうは思いません。学ぶべきはホテルや旅館、一般企業です。マネジメントなどについて、いろいろな経営者の話を聞くのは大事なことです。

介護という仕事は、昔から存在していました。近年になってそれが事業化され、介護保険が導入されてマネジメントが必要とされるようになりました。専門性が高い分野ですのでそこに特化していけば良いと考えがちです。だからこそ、異業種・異分野に学んだ方がプラスになると思います。

せんねん村矢曽根　成長確認シート

入社時期　　　年　月	氏名	

※この評価表は、入社から6ヶ月を修得目標として使用します

※入社から6ヶ月以降は、年度上・下期の振り返りとして使用します

項目番号	仕事	教育					評価						
					指導を行った		評価基準			評価時期(　　年　　月)			
	身に付けるべき知識や技能要件	教える人	使用する確認する教材	必要な力量(押えておくべきポイント)	日付(〇年〇月〇日)	サイン	2 良	1 可	0 不可	自己	不安なこと・感じたこと	教育担当	氏名(　　　) コメント
1	理念と介護方針の理解	研修担当者	(手順) せんねん村ケアの心得/紹介DVD/入社オリエンテーション資料	心得内容を心がけて仕事ができる			心得内容を心がけて仕事をしている。周囲の人も明るくなる	笑顔で仕事ができる	不機嫌な表情で仕事をしていることが多い。話し掛けにくい				
				個人情報の保護を意識し、情報を扱うことができる			情報を決められた手順で適切に扱うことができる。周りのスタッフに伝えている	情報を決められた手順で適切に扱う事ができる	個人情報がどのような情報かわかるが実施できない				
				村人さんとの関わりから何か学ぼうとする姿勢をもち、ケアできる			村人さんは弱い人ではなく、長い人生経験を持った人であることがわかる。関わりの中で、何か教えてもらう努力をしている	村人さんは弱い人ではなく、長い人生経験を持った人であることがわかる	村人さんは弱い人で、ケアとはお世話してあげていることだと思っている				
	プロとしてのこころ構え	研修担当者	(手順) ケアスタッフの身だしなみ	気持ちの良い挨拶ができる			常に気持ちの良い挨拶ができる	気持ちの良い挨拶ができる。自分から挨拶ができる	相手が挨拶してきたら、挨拶する				
				清潔感のある身だしなみで仕事ができる			常に相手に好感を持って頂ける身だしなみができている	相手に好感を持って頂ける、身だしなみが理解でき、実施できる	相手の仕事にとって好感をもって頂ける身だしなみは理解できるが、できていないことが多い。清潔感がない				
				「何とかします。」という姿勢をもち仕事ができる			常に「何とかします」という姿勢をもってケアができる	「何とかします」という姿勢をもったケアができる	「何とかします」という姿勢は理解できるが実施できない				
	ユニットケアの理解	教育担当	ユニットケアテキストハンドブック	「ユニットケアとは何なのか。」が理解できる			内容を他者に教えることができる	「ユニットケアとは何なのか。」が理解できる	できない				
2	自己紹介	教育担当	常にメモを取る習慣づけ	相手にわかりやすく自分を伝えることができる			内容を他者に教えることができる	相手にわかりやすく自分のことを伝えることができる	できない				
	個別スペース	教育担当	下駄箱/ロッカー/レターケース	常に整理整頓ができている			内容を他者に教えることができる	常に整理整頓ができている	できない				
	敷地内での自家用車の運転・駐車	教育担当	実際に駐車場を案内	近所・仲間に迷惑をかけない運転・駐車ができる			内容を他者に教えることができる	近所・仲間に迷惑をかけない運転・駐車ができる	できない				
	出勤簿	教育担当	勤務表/出勤簿	出勤時、退勤時に確実に記入できる			内容を他者に教えることができる	出勤時、退勤時に確実に記入できる	できない				
	連絡網	教育担当	連絡先が変更のある場合はすぐに連絡	的確な更新ができる			内容を他者に教えることができる	的確な更新ができる	できない				
	施錠・開錠	教育担当	自動ドア使用方法	自動ドアを安全に管理できる(自動・手動)			内容を他者に教えることができる	自動ドアを安全に管理できる(自動・手動)	できない				
		教育担当	ユニット玄関/職員通行口の開錠・施錠	職員通行口を安全に管理できる			内容を他者に教えることができる	職員通行口を安全に管理できる	できない				
		教育担当	マスターキーの管理	職員通行口を安全に管理できる			内容を他者に教えることができる	職員通行口を安全に管理できる	できない				
	窓の取扱い(二重ロック)	教育担当	サッシ部分の鍵の使用方法	開錠・施錠ができる			内容を他者に教えることができる	使用できる	できない				

-1-

「成長確認シート」

第6章

生きることは老いること

◉生きることは老いること

日本は人類史上例を見ない高齢化を、他国に先駆けて経験しようとしています。六十五歳以上の高齢者は三千三百万人を超え、総人口の約二五パーセント（国民の四人に一人）を占めるまでになりました。

団塊の世代が後期高齢者（七十五歳以上）となる二〇二五年頃には、高齢者人口は約三〇パーセントに達すると推計されています。いわゆる「二〇二五年問題」です。

高齢者ケアの仕事に携わるようになった頃に比べますと、時代が大きく変わったと実感します。数は力なりではないですが、高齢者サービスは多様化し時代と共に変化を続けています。

国は二〇二五年をめどに、可能な限り人生の最期まで住み慣れた地域で、自分らしい暮らしを続けることができるようにと、「地域包括ケアシステム」の構築を進めています。住まい・医療・介護・予防・生活支援が一体的に提供されるというスキーム図を目にされたこともあるでしょう。

あの図を見ますと、国が国民に「覚悟しろ」と言っているように感じます。覚悟と言いますと穏やかではありませんが、つまりは心構えです。「あなたはどこで死にますか？　それを自分で考えなさい」ということです。

今までは何かあったら病院に駆け込んで、そこで最期を迎えていました。しかし、これからは病院では死ねませんよと、あの図はそう言っているわけです。

生あるものは必ず老います。生きるとは老いることです。そう考えれば、老いることを他人事のように考えるのではなく、自らの日々をどう生きるかを一人ひとりが考え、老いを迎える準備を実行していくことが大事だと気づくはずです。

しかしいつの間にか、覚悟をしない人間が増えたと感じます。何となく日和《ひよ》ってふわふわと生きてきて、死を実感するときになって「人間って死ぬものですか」とびっくり仰天する。もしかして人の死を見たことがないのでしょうか。

私が子供のころは、死がもっと身近にありました。多くの家庭がお年寄りを含む大家族で暮らし、自宅で亡くなるのが当たり前。死はごく自然で身近なものでした。

実際に体験したのか、母からの話で想像したのか定かではありませんが、中国からの引き揚げ船の中でバタバタと死んでいく人、引き揚げ途中の行軍の光景が原体験として残っています。当時は死がいたる所にありました。亡くなった人の火葬場や墓場も集落からすぐのところにあって、「亡くなった人を燃やすとこうなんだよ」という話も聞いていました。

一方、今の若い人にとって死はあまりに遠い存在です。野辺送りの行列や霊柩車も見かけなくなっています。そんな時代だからこそ、折に触れて職員や若い人に「命あるものは必ず死ぬ」ということを話しています。

◉生と死を語る

厚生労働省の統計によりますと、昭和二十年代半ばごろは自宅で死亡する人が約八割を超えていました。しかし現在は、逆に約八割の人が病院で亡くなっています。病院に勤務している看護師などであれば、臨終の場面を経験しています。しかし、日常生活で一般の人が死に接することはまれです。若い介護職員の中には、葬式に出たこともないという人もいるくらいです。死ははるか遠いものであって、想像すらつかないのも無理ありません。死は怖いものという思いだけがあるのではないでしょうか。

かねがね「デス・エデュケーション」（死の準備教育）を小学校のカリキュラムに入れるべきだと思っています。一度しかないいのちを大切にすることを教えていけば、いじめなどなくなるのではないでしょうか。

そこで、新入社員に必ず「生と死」について語ります。また、折にふれて「死」についても語ります。

せんねん村では、日常の延長線上に死があると考えています。介護の現場ではいつ何が起きても不思議ではなく、死は常にかたわらにあります。なぜなら、病院は良くなって退院するのが普通ですが、介護は病気になって施設から病院に移られるか、亡くなって出て行くかです。

つまり、私たちの仕事は、いつ何が起きるか分からないのです。

「私がこうやってお話している間も、どこかの部屋で亡くなっている人がいるかもしれない。でも、それは恐れることでも何でもない、自然なことなんです。私たちは生きているのではない、生かされているんです」

せんねん村では、看取り介護の段階に入っても熱さえなければ入浴してもらいますし、ほとんど食べられなくなっても職員は好きだったものを少しでも口に入れてあげようと工夫します。甘いものが好きな人には唇にはちみつをぬってあげたり、お酒が好きだった人には薄めたお酒を凍らせて、かき氷にして口に入れてあげます。

過剰な医療をしなければ、高齢者は枯れるように自然な死を迎えます。老衰は自然な現象であり、それを止めることは無駄な努力です。苦しめるだけです。顔を見れば、苦しんだ死か穏やかな死かすぐに分かります。また、どこの病院で亡くなったかも分かるようになりました。

就職説明会でも〝生と死〟について語ることがあります。時間が限られていますので、簡単な内容にとどめています。それでも、参加者は真剣に聞いてくれます。

「誰も話してくれなかったことを初めて聞けてよかった」

こんな答えが多く返ってきます。話を聞けてよかったと、うちの法人に入り頑張ってくれている職員もいます。

余談になりますが、昨今は入社してもすぐにやめてしまう若い人が多いと聞きます。会社をやめていく理由で多いのは「こんなはずではなかった」だそうです。しかし、と私は考えます。会社説明会で「いい会社です、楽しい会社です」とだけ説明されて、社会に入った途端に現実を知って適応不全になるのは当たり前です。現実をきちんと提示して、選択してもらうことが必要です。

折にふれて、職員にも語ります。

「私たちは今を生きています。今吸った息が、そのまま吐けるという保証はないのです。心臓は誰に命じられているわけでもないのに、年中無休で眠っている間も動いてくれています。停電もしません。しかし、この心臓が今止まらないという保証はないのです。私たちは生きているのではなく、実は宇宙の力で生かされているのです」

さらに付け加えます。

「私たちは明日のために今日を生きているのです。皆さんは、将来のために今日を生きていると思うでしょうが、一日、一日の積み重ねが将来なのです。今日を大切に生きられない人が、将来をよりよく生きることなどできるでしょうか」

この考え方は、学生時代に通った少林寺拳法の道場で学んだ禅の教えと、その後の杉浦祖玄師の教えに影響を受けています。

息の重要性を再確認したのはヨガを行うようになってからです。ヨガでは「意識」の重要さも学びました。意識して呼吸しますと、その部分の血色が良くなっていきます。「氣」が通るのだそうです。ヨガを学んでまだ日が浅くヨチヨチ歩きですが、健康のために細々とでも続けていきたいと思っています。

◉自分で決める自分の医療

特養はよく「終の棲家」と表現されます。それなら、最期まで看取りたいという強い願いがありました。

わが家の場合、母方の祖父や伯父は在宅で亡くなりました。伯父は胃がんでしたが、医師である兄が手術したときには手遅れでした。そのまま退院し、兄が看取りました。兄が在宅で看取った人は多かったのです。私が高校生のときにすでに開業していましたから、よく手伝いました。医療の何たるかは理解できていました。

病院のベッドで、人工呼吸器や経鼻経管栄養などさまざまなチューブを挿入されて生き永らえるのがしあわせでしょうか。本人や家族の意思で、特養での最期を望まれるならそれをかなえるのが重要ではないでしょうか。その考えから、既述したようにせんね
ん村では開設以来、事前指定書を導入しました。

ただし、事前指定書がうまく活用され、美しい死に顔を見て家族と職員が納得し、満足と感謝が感じられる看取りができるようになるまでには十年近い歳月が必要でした。

少し話を戻しましょう。

カナダの医療の事前指定書を広める市民活動「自分で決める自分の医療」（ＬＭＤ：Let Me Decide「私に決めさせて」）を名古屋市で始めたのは、平成七（一九九五）年のことでした。

事前指定書はカナダ・マクマスター大学の老年医学のウィリアム・モロイ教授が開発

したもので、名刺大のカードで自分が希望する、あるいは希望しない医療を記入して財布などに入れるというものです。

「私の体　私の病気　私が苦しむ　だから私に決めさせて」

モロイ教授は訴えました。この言葉はこころに強く響きました。

これを日本に紹介されたのが、社会医療研究所の岡田玲一郎所長です。岡田先生の海外研修ツアーには、昭和五十九（一九八四）年のアメリカ医療施設視察旅行を皮切りに、十回近く参加していろいろ学びました。

何度目かのツアーでカナダへ出かけたとき、岡田先生から耳打ちされました。

「ナーシングホーム内ホスピスをつくるといいよ」

そこは、認知症専用ホスピス病棟の入り口の前でした。中は見せてもらえませんでしたが、認知症の高齢者が積極的な治療は受けずに、穏やかな死を迎える場所がそこにあったのです。ナーシングホームは、日本では特養に該当します。岡田先生は、私が特養をつくりたいと思っていることをご存知でした。

日本では、緩和ケアはがんとＨＩＶ患者対象に限定されています。しかし、欧米では救急車の中から緩和ケアが始まるとされています。救急室では言うまでもありません。苦痛をいかに軽くするか、医療の提供は常に緩和ケアと共にあるべきだといっても過言ではありません。

経管栄養が、日本ほど行われている国は多くないようです。スウェーデンに視察に行ったとき、なぜスウェーデンは少ないのかを視察先で尋ねました。

「国民からやめましょうと声が上がったのだ」

フランスでは自然に減っていったとのことです。

せんねん村を開設した時、村人さんの医療について、ＬＭＤを参考にしてできる限り自己決定できるようにしたいと思いました。

ＬＭＤの様式はかなり専門的で語句の説明もされていますが、医療の内容を知らない人には難解で意思決定することが難しいものです。カナダではかかりつけ医と相談しながら決めていき、かかりつけ医が署名する欄もあります。医療者と患者とのコミュニケーションを大事にしていることの表れです。

日本では、医師はとても忙しくてそのような時間はとれません。やはり看護師が適格だと思いました。それに、特養には通常、医師は常勤しておらず外部から訪問します。医師が施設長をしている施設もありますが、そういうところが必ず看取りを行っているとは限りません。

急な症状の変化を、専門家は「急変」と言います。急変が深夜におきたとき、介護職員だけが夜勤をしている特養でどのような状況になるかは容易に想像がつきました。

すぐに夜間待機看護師に連絡することになっていますが、駆けつけるまでに時間がかかります。その間の介護職員の不安と同時に他の村人さんのケアが錯綜《さくそう》して、大変なストレスにさらされることになります。

看護師が駆けつけてからも、気は抜けません。その村人さんを病院に移送するにしても、どの病院がよいのか、おもむろに家族に尋ねているようでは急変のときには手遅れになるでしょう。

そこで、せんねん村ではＬＭＤを参考にした独自の事前指定書を用意しました。入居してから症状が変わったとき、特に急変した場合にどうしたいのか、どうして欲しいのかを記入できるような様式にし、入居の時点で相談員に大体の考えを聞きとってもらうようにしました。

病院に移送する希望があるのか、どの病院を希望するのか、あるいはせんねん村でできる医療を受けるだけでよいのかも記入できるようにしました。すべては現場を不安にさせないように、そして村人さんと家族が少しでも不安にならないようにとの考えからです。

事前指定書は改訂を重ね、現在第四版です。市民病院の救急室看護師と検討したものです。当初は抵抗もありましたが、今は、医師もそれに従ってくれるようになりました。

市民病院に新しく研修医として赴任した医師の研修先として、一日だけですが老健と特養が加わったことも幸いしました。

「特養なんかろくなことをしていない」とさげすんだ医師がいたころを思うと、時代が変化したのでしょう。最初は戸惑っていた家族も、徐々に賛同してくれるようになりました。かつては、死のことなど考えたくない、縁起でもないという意識が戸惑いを呼んでいたのでしょう。

また、死ぬのは病院でという風潮が強く、「病院にも行かせずに死なせた」と親戚や世間から言われるのがつらかったというのもあるでしょう。施設の職員も「死ぬのは病院で」と思い込んでいたかもしれません。

私は、家族会で説明しました。

「事前指定書は死に方をお尋ねしているわけではありません。むしろ、生き方をお尋ねしているのです。管につながれて生きるのが良いのか、それともギリギリまでお口から召し上がっていただいて、ご自分の唾液すら誤嚥するようになったときには苦しまないように無理な医療を行わずに自然に任せるのか。その選択をあらかじめ考えておいていただきたいのです。

もちろん、きめ細かに決めていただくことができます。点滴は良いけれど経管栄養はいやだというように。今書けなくても構いません。しかし、必ずお尋ねしなければならないときが来ます。そのときにあわてふためいて、望まない医療を受けることになってしまい、後悔することのないようにしたいと思っています。延命治療につながる医療措置をいったん導入したら、途中でやめることは許されません」

◉メイヨー・クリニックとの出会い

岡田先生の最初の海外研修ツアーで、大きな出会いに恵まれました。行き先は、ミネソタ州ロチェスターにあるメイヨー・クリニックです。

メイヨーは世界の病院ランキングで毎年一、二位に入る、アメリカが誇る総合病院です。数年前にも、安倍晋三首相が医療分野の発展を促す施策を語った際に「アメリカのメイヨー・クリニックのような」と引き合いに出されており、記憶されている人もいるでしょう。

そのメイヨーとの出会いは三十年以上も前のことですが、病棟婦長とはいまだに姉妹のようなつきあいをしています。言うなれば、私のアメリカのお姉ちゃん的存在です。

いろいろなことを学ばせていただき、おかげ様で今の私があるといっても過言ではありません。

実は、特養をつくりたいと走り回っていたころに言われたことがあります。

「福祉をやる人は、もっとしまりのない格好をしていなければだめだよ」

私は納得できませんでした。

「福祉を仕事にする女性がスーツをビシッと着ていて何が悪いの！」

「よし！　キリッとしたビジネスレディーとして必ず特養をつくってやろう」と思ったものです。

この思いの背景には、メイヨー・クリニックを中心とするメイヨー財団の幹部たちとの交流があったからです。

財団のセントメリー・ホスピタルの病棟婦長と初めて会った時、その姿にあこがれを抱きました。ビシッとしたスーツ姿、爪にはきれいにマニュキアが塗られていました。日本では考えられません。その彼女から病棟のマネジメントの講義を受けました。

「バカな質問をすることを許してください。あなたはナースだといいますが、マニュキアをしていても良いのですか」

「何でも質問するように」と言われれば、ハイと素直に質問してしまいます。日本人の多くはそうではないようですが、私は誰よりも多く質問して多くを得ています。

「私の仕事がなんであるか」を教えてくれたのが、メイヨー・クリニックでの研修でした。そこでマネジメントを学んだのです。彼女のようなカッコいい、ビジネススーツの似合う女性経営者になりたいと思いました。

また、ものの言い方も「もっとやわらかに言わないと」と指摘されたことがありました。しかし、ここでも私の負けん気が頭をもたげます。

今は年を重ねて、少しはものの言いがやわらかになったと思っていますが、生来が切り口上タイプ。〝下町のおきゃんなおてんば娘〟のイメージがあると東京の人からよく言われます。それは私にとっては褒め言葉だと思っていますから、直すはずありません。輪をかけてポンポンと言葉が出てきます。

◉食べて動いて、認知症予防

年を重ねますと、食が細くなる人がいます。また、健康のためにと脂っぽいものを控えて野菜中心の食事を実践している人もいます。

しかし、ある程度年を重ねたら積極的にたんぱく質をとることが大切だと分かってきています。また、たんぱく質をしっかりとって適度な運動（筋力トレーニング）をすれば、年齢に関係なく筋肉量を保ち・増やすことができることも分かってきました。筋肉量や筋力の減少を「サルコペニア」と言います。身体機能が低下して歩行障害や転倒・けがに陥りますと要介護度が上がり、寝たきりなどになって認知症も引き起こしやすくなります。そこで「認知症になりたくなかったら筋トレをやりなさい」という趣旨で勉強会を実施しました。

講師の本山輝幸先生は、自分の個々の筋肉に意識を向けるように話されました。どの筋肉がどうなっているか、意識をどこに向けていくのかということを明確にして運動します。

誰でも簡単にできて認知症予防にもなり、軽度認知障害（ＭＣＩ）がかなり予防できると言います。本山先生はドクターではありませんが、私はとても面白いと思いました。筋肉を使う運動になるわけですから、村人さんだけではなく職員にとっても良く一石二鳥です。そこで、村人さんも職員も全員一緒に実践しています。

実践してどう変化するか、データを取っていくことにしました。ＭＭＳＥ（ミニメンタルステート検査　Mini Mental State Examination）という簡便な認知症の検査方法を用いて、導入前と導入後と三カ月ごとにデータを取って、その変化を見ているところです。

「ある程度データが集まったら、学会で発表するのも大事なこと」と言っています。日ごろから自分たちが行っていることをまとめて、人前で発表する能力はどの職員にもつけてもらいたいと思っています。考えや思いを整理し、分かりやすく他の人に伝えていくことはチームケアには欠かせない能力です。

老健を開設して以来、その方針は貫かれています。せんねん村でもそのならいです。また、研究発表も積極的に行っています。これも人財育成の一環です。

せんねん村ご利用者事前指定書

せんねん村では尊厳ある生を全うしていただく為に、

ご本人とご家族の意思を尊重させていただきます。

※ **事前指定書**とは“病気や障害などにより自己の要望を述べることや、
意思決定が出来なくなった時に備え、あらかじめ書き記して
おくものです。“

●医療担当者に対し“このようにして欲しい”という意思や要望を
できるだけお伝えさせていただきます。

当施設は病院とは異なり、急な状態悪化、重篤な症状に対し治療をすることが出来ません。
その為、せんねん村では治療困難な症状に陥った時、治療により回復の可能性がある場合には救急車にて搬送させて頂きます。

その際の病院はどこを希望されますか？

（せんねん村の協力病院は、西尾市民病院、西尾病院、高須病院ですが、
その他の病院を希望する事もできます。）

第１＿＿＿＿＿＿＿＿＿＿＿＿＿＿＿＿＿＿＿＿
第２＿＿＿＿＿＿＿＿＿＿＿＿＿＿＿＿＿＿＿＿
第３＿＿＿＿＿＿＿＿＿＿＿＿＿＿＿＿＿＿＿＿

※上記病院が受け入れ不可能な場合、希望病院以外へ搬送する可能性もあります。
あらかじめご了承下さい。

緊急時、病院へ搬送させていただいた場合の延命治療は希望されますか？

☆各治療の詳細は別紙にてご説明させていただきます。

□ 希望する
例・・気管内挿管、人工呼吸器装着、中心静脈栄養（ＩＶＨ）、
昇圧剤、電気ショック、輸血等。

□ 希望しない
症状に対しての治療、検査のみ施行。

「事前指定書」

第7章

まほろばにしたい

◉プロの知識を在宅へ

超高齢化と共に認知症の多発化が進んでいます。在宅で認知症の人の介護をしている人がたくさんいます。そこで、せんねん村矢曽根で「オレンジ（認知症）カフェ」を始めました。時間の許す限り、私も話や悩みを聞かせていただこうと思っています。お茶を飲みながらおしゃべりしていると、問わず語りでいろいろ話してくれます。

在宅介護をしている人の話をうかがうと、悩みは排泄ケア、特に大便のケアに集約されます。ある女性の悩みは、介護をしているご主人がおむつを替えさせてくれないことでした。その人は、矢曽根のショートステイを利用されていました。そこで「ショートステイのスタッフに、大便の調子はどうか、どうケアしているか尋ねてみてください」として、私の体験を話しました。

あるとき、お姑さんの介護をしている友人が「せんねん村の介護について教えてほしい」と言ってきました。お姑さんは、座布団がびしょびしょになるほど汚れていても「汚れていない」と怒って、頑としておむつを替えさせてくれないということでした。

すぐにショートステイのスタッフを呼んで、どうしているかを聞きました。

「あったかいタオルでおしもをふかせくださ い。今日はお風呂に入る日じゃないから、ただれたりすると良くないのでと言っています」

おむつやおむつ交換という言葉は一切使わない。これがプロなんだと思いました。介護のプロはその人の性格や日常習慣を見て、伝わる言葉で語りかけています。

ある人はお風呂がきらいで「お風呂ですよ、入浴ですよ」と言っても受け入れません。でも「身体検査ですよ」と声をかけると、にこにこして自分から着衣を脱いで入浴されるというのです。

そうした例を伝え「家族だとなかなか冷静にはいかないと思いますが、プロの知識が参考になるかもしれません」と話しました。その時に、まだわたしたちがやらなければいけなのはこういうことかと悟りました。

「地域包括ケアシステム」構築の推進とともに、介護の在宅へのシフトも進められています。

在宅介護を支えるのはヘルパーやデイサービス、ショートステイなどですが、サポートのない時間に介護の担い手となるのは家族です。この先、介護保険がさらに改定されて、在宅介護をサポートする人材は隣近所やボランティアの人になるかもしれません。だとすれば、在宅介護する家族の負担を少しでも軽減するために、プロの知識を提供することが必要と考えました。専門的な知識と技術を家族に分かりやすく伝えるのも、これからの特養の仕事ということです。

お預かりした時だけ良いサービスを提供するのではなく、せんねん村などを利用する家族に「お宅で困っていらっしゃることはありませんか」と聞いていかなくていけません。ショートステイのスタッフには、「私たちの経験でよければ参考に伝えることができます」と自分たちの方から働きかけたらどうかと話しています。

少しの時間でも、ほんの立ち話でも家族は安心するかもしれません。それをやってみようと呼びかけています。サービスの地域化です。

ちなみに、施設の地域化は行ってきました。せんねん村でヨガを行って、地域の人に来ていただいています。これからは〝地域の施設〟と言ってもいいかもしれません。

◉地域包括ケアシステム

平成十八（二〇〇六）年の介護保険制度改正では、地域包括支援センターや地域密着型サービスが創設されました。平成二十四（二〇一二）年の改正では、市町村の責務として地域包括ケアを推進することが示されました。

さらに、平成二十五（二〇一三）年には「持続可能な社会保障制度の確立を図るための改革の推進に関する法律」（プログラム法）が成立し、積極的に地域包括ケアシステムを作り上げていくことが、介護保険の保険者である市町村に求められました。西尾市でも独自の地域包括ケアシステムの構築が進んでいます。

さまざまな市町村でモデル事業がスタートしており、報告書として取りまとめられていますが、それらを見聞きして違和感を感じました。医師会や各事業者は、それぞれ自分たちが音頭をとると言っています。では、西尾市の場合はどうでしょうか？　例えば、市民病院で地域包括ケアシステムのマネジメントをするなら、まず人材から確保しなくてはいけません。しかし、現状では不可能です。

各市町村では、人口も高齢化の進展具合などもそれぞれ異なります。地域包括ケアシステムは地域の実情・ニーズに合ったものでなくてはなりません。私は当初から地域包括支援センターを中心にすれば、どこの町でも通用するだろうと思っていました。

最近、その考えに間違いはないと確信できた出来事がありました。平成二十八（二〇一六）年四月、東京の社会保障研究会で地域包括ケアについて自治体の取り組みを学ぶ「地方自治体特集セミナー」がありました。そこで、砺波市（富山）の実例を見聞きしました。人口約五万人で、夏野修市長がリーダーシップを発揮しています。地域包括支援センターが核になり、地域包括ケアシステムを進めていました。

なぜ地域包括支援センターが核になると良いのか。センターは住民データを保有しています。蓄積された住民のビッグデータを解析すればさまざまな情報が分かり、十年後にどうなっているかが予測できます。

これはすごい強みです。市民病院はもちろん、そうしたデータを持っていません。ICTの活用で全ての情報を見ることができるものも出てきました。これを広域に広げるにはかなり強力なリーダーシップが必要となります。

やはりどう考えても、地域包括支援センターが核になるべきだという結論に達したのです。このような医療福祉制度施策の変革を、広く市民が知る機会は多くありません。また、非常に分かりづらいのも事実です。微力ですが、せんねん村は市民に分かりやすく説明する機会を多くもつ予定です。

◉はじまる、新しい介護予防サービス

要支援や要介護の認定を受けた人のうち、要支援者に向けた介護予防サービスはこれまで国の事業として全国一律の基準で運営されてきました。この事業が地域包括ケアシ

ステム構築の一環として、二〇一八年四月までに各市町村の事業に切り替わります。呼び方も変わり、新しい総合事業（新しい介護予防・日常生活総合事業）になります。

新しい総合事業について、平成二十七（二〇一五）年三月に西尾市の健康福祉部長寿課の担当主幹と話す機会がありました。

いろいろな話をする中で、私は言いました。

「西尾市を〝まほろば〟にしたいんです」

抹茶全国一、ウナギ全国一、どれも誇りに思える良いものですが、さらに健康度日本一、いや全国一にしていきたいと話しました。

私がいう〝健康度〟というのは体の健康を指すのではなく、それなりにすこやかに暮らせる、みんなで支えてあげられる、支え合える町ということです。

「何気ないスマートな手の貸し方ができる、負担にならないつながりのある町」

そういう町にしたいと話しました。

せんねん村は開設当初から西尾・旧幡豆郡から外へは出て行かないと決めて、地域密着でやってきました。せんねん村の行っていることが地域の在宅介護の助けになることができれば良い、西尾をまほろばにしたいとずっと思ってきたのです。

新しい総合事業でどんなことを行いたいと思っているか、担当主幹の描く夢を聞いてみました。すると、「西尾市キョウヨウキョイク大学構想」というものが出てきました。キョウヨウは今日の用、キョウはTODAYの今日で、イクは育つ。今日用今日育、今日のため今日行く大学構想です。

高齢になっても医者に行くことを日課にせずに、今日用今日育大学に行くのです。例えば、ウォーキングをする健康学部など学部もいろいろ設けるのです。私はとても面白いと思いました。

国の政策がまさに大きく動いている今、あちこちにいろいろな動きが出てきて、せんねん村にはさまざまなところから声がかかっています。せんねん村が改めて評価され、〝あそこは別格だ〞という目で見てもらっているのを感じます。そうした評価に応えていかなくてはと思っています。

◉蟻の目と鳥の目

私は新しいものが好きで、すぐ飛びついていく性分です。特に制度・政策の場合は、新しいうちに乗っかっていくのが成功のコツと考えています。

国は政策を実行するために扉を開き、経済誘導もして動かします。サーフィンと同じです。波の先端に乗ってしばらくは楽しんだ方が良いです。次は必ず厳しく縮小してきます。そのときには、いつでもやめられるぐらいがちょうどいいのです。とはいえ、設備投資したものを簡単に捨てるわけにはいきません。小さざみにでも常に改善・改革をしていく必要があります。

制度事業をやらせていただいている以上は誰に見られても恥ずかしくない、〝全国一〟と言われるような存在でありたいと思っています。改善しなければならないことは尽きません。利用者の目線で見ますと、例えば、各ユニットのトイレではおむつを片付ける場所が十分にないなど思わずうなりたくなることがあります。

これではだめだと思いながらも、このハードでは難しいかなと思います。でも、サービス業としてそこを何とかできないか考えなければならないのです。改善は待ったなしと力むのは簡単ですが、どういうふうにみんなに気づいてもらって、変えていこうかと仕掛けるのが私です。

蟻の目と鳥の目、その両方を持っていくのが役割だと思っています。『コンドルは飛んでいく』という曲が大好きですが、コンドルばかりではだめなのです。緻密な蟻の目も必要だと思っています。

◉せんねん村が果たすべき役割

社会福祉法人せんねん村は、地域における福祉の充実を使命と考えています。高齢者ケアだけでなく、保育、つまり児童のケアも行っています。

西尾市立だった中野郷保育園の移管を受けたのが平成十八（二〇〇六）年。これに続いて、平成二十三（二〇一一）年には矢田つぼみ保育園をオープンしました。市内で、障がい児保育を行う初めての施設になりました。

さらにせんねん村矢曽根の二階には、小学校一年から六年生までが利用できる学童保育「キッズクラブ」を設けました。市内にはトヨタ自動車系列の企業が多くあり、祝日に稼働・営業することも多々あります。そこで、土曜日や祝日、春・夏・冬休みなども運営しています。西尾市からの委託で、民間で児童クラブを運営しているのは、市内ではせんねん村のみです。

「市に根をおろし、地域の人々の暮らしを支えるサービスを行う」「ほかでやっていないサービスを創出する」という、せんねん村らしい取り組みです。

平日の午後三時を過ぎますと、ランドセルやカバンを抱えて「ただいま！」と駆け込んでくる元気な子どもたちの声が施設内にひびきます。子どもたちとの交流を村人さんはとても楽しみにし、子どもたちにも高齢者に対する温かい気持ちが育っているのを感じます。

採算はトントン、もしくは持ち出しです。それでも子どもを持つ職員の就労支援にもなり、取り組みへの注目がせんねん村の評価にもつながっています。収益だけでは計れないメリットといえます。行政の窓口は、子ども、障がい者、高齢者とバラバラです。厚生労働省も窓口の一本化を推奨しています。

「一億総活躍時代」の閣議決定を機に、女性の労働環境が向上しつつあります。高齢者福祉だけでなく、いろいろな事業が国から市町村へ移管されてくる時代です。せんねん村も、それに対応できる体制にしておく必要があります。

◉災害に強い施設づくり

東日本大震災や熊本地震など大災害が起きますと、それまでの平和な暮らしが根こそぎ破壊されます。

「災害時に、施設は地域の人をどれだけ支えることができるか」

これは常に頭から離れない大命題です。

避難所生活は高齢者にとって過酷な環境です。せんねん村はユニットケア施設で、各ユニットにキッチンもあります。各地区に施設を点在させたのも、危機分散の一環です。災害があるたびにさまざまな情報を集めて、備蓄品の収納場所を工夫したり、非常食もごく普通に食べられるものに変更して備えています。もちろんこれで良しと、安心・安住していてはいけないと常にこころを引き締めています。

せんねん村開設十周年記念事業として、平成二十二（二〇一〇）年九月二十二日には「災害に強いまちづくり」シンポジウムを開催し、さまざまな地域の取り組みを知ったこともこうした意識をより強める契機となりました。

シンポジウムでは、新潟県中越沖地震を経験された特別養護老人ホーム「こぶし園」の施設長、小山剛氏に基調講演をお願いしました。小山さんは、災害時に被災地で支援活動に取り組む「災害福祉広域支援ネットワーク・サンダーバード」を構築されました。なお、小山さんは平成二十七（二〇一五）年に惜しくも亡くなられました。私は師を一人失いました。

サンダーバードは北関東には強いのですが、せんねん村のある西尾地域には支援拠点が少ないことも分かりました。以来、支援していただける企業に声をかけて、いつ来てもおかしくないと言われている東海・東南海地震への備えを進めています。

災害時に地域支援の拠点となるような強い施設にすることは、せんねん村の長期目標の一つです。常に考え、進化させていくべき課題ととらえています。

◉地域の雇用を支える

ある時、愛知県社会福祉協議会福祉人材センターの池谷さんから問われました。「せんねん村は西尾市で○○してます、というのに何が入りますか」答えは「せんねん村は、地域の雇用を支えている」でした。

せんねん村があるから、要介護者を抱える家族が仕事をやめずにすんでいる。キッズクラブがあるから、子どもがいても働けている。託児所もあるから、産休・育休からの復帰もできるというわけです。

せんねん村をつくって以来、雇用を創出してきたと思ってきました。しかし、もう少し広い目で地域に住む一人ひとりのライフスタイルにまで思いを巡らせますと、確かに雇用を支えていると言えそうです。なるほどと思いました。

お互いが助け合えるまちづくり、共に生きるまちづくりに、この先もお役に立てるせんねん村であり続けたいと思います。

キッズクラブの子供たちと高齢者とのふれあい

10周年記念シンポジウム「災害に強いまちづくり」

第8章

覚悟をもって挑戦

◉安楽なケアへ、福祉機器の活用

せんねん村を開設して十五周年を迎えた平成二十八（二〇一六）年は、変化に富んだ年になりました。ケアに関する考え方にも新しい概念、スピリットが加わりました。今まで安心・安全・安定・安寧と言ってきたところに、もう一つ「安楽」を加えたのです。これは職員にとっての安楽であり、利用者・入居者にとっても安楽であるということです。安楽なケアも追求していかなければなりません。

では、安楽なケアとはどういうことでしょう。職員が腰痛を起こさないこと、そしてケアを必要とする人にとって楽であることが大事です。緊張や苦痛がなく、精神的にも困難のないケアです。そうした安楽なケアに欠かせないのが、福祉機器の活用です。

平成二十一（二〇〇九）年、ユニットケア研修施設管理者研修で被介護者体験をしました。そのとき、移乗用機器（トランスファーボード）を使った介助が非常に安楽だと実感ました。ケアを受ける時に、こころも体も緊張せずに済むのです。同時に、これまでのケアは前時代的であると悟りました。

超高齢化、介護の重度化、認知症の多発化など高度な専門知識と技術が必要とされる時代です。精神論だけでは介護の仕事はできません。

例えば、ベッドから車いすへ、車いすから便座へ、車いすから浴槽へと移動する際に二人介助で持ち上げますと、持ち上げられる人は自分が荷物になったように感じるでしょう。一方で職員は腰を痛めることも多いのです。それならば、リフトを使いましょうというわけです。

また、その車いすもその人に合ったものでないと非常に苦痛です。車いすは腕で動かすものですが、よほど力がないとなかなかできません。体験するとよく分かります。せんねん村では職員に必ず体験してもらっています。

車いすは座ったまま足で移動するのでいいのですが、多くの病院施設でも使用している汎用型は、金属部分がハンダ付けされていてフットレスがはずせず、高さが変えられません。足が着かないと、体重は全部お尻にかかって痛くなってきます。クッションの材質も良くありません。

車いすに座っている人がフットレストに足を載せたままで立とうとするのは、ずっと同じ姿勢でいるのがつらいからです。あるいは、もぞもぞして徐々にずり下がっていきますので、職員がそれを引き上げることを繰り返す。そうすることで高齢者は臀部《でんぶ》に褥《じょく》瘡《そう》ができ、皮がめくれたりします。今までずっと、こういうことを疑問にも思わず行ってきているわけです。

これではいけないということで、村人さんと職員の両方に安楽なケアを確立するために、せんねん村にはコンサルタントに入ってもらっています。

福祉機器の専門技術者を東京から二カ月に一度招き、機器の使い方の教育・研修や村人さん一人ひとりにあった車いすのアセスメント（評価）などを行っています。

また、早くから入浴リフトなどを導入してきました。テクノエイド（福祉用具・福祉機器）を使いますと時間短縮にならず、多くの場合かえって時間がかかりロスのように思われます。

しかし、職員が腰など体を痛める方がダメージが大きいというのが私の考えです。体を痛めた職員には休養が必要になりますし、休業補償もしなければなりません。その間、ユニットの他の職員の負担も増します。

それより何より、せっかく志を持って介護の仕事に就いていても、腰を痛めて再起できなくなる人がいないわけではありません。若い職員の将来を奪うことにもなりかねません。

「そんな事態が起こらないようにしたい。時間がかかっても、村人さんにも職員にも苦痛が少ないケアを実践したい」

せんねん村では、そういう観点で福祉機器を導入しています。

◉手軽で効果大、スライディングシート

福祉機器・用具にはいろいろなタイプがあります。ベッドから車いすへの移乗などをサポートする床壮行式リフトももちろん必要ですが、最近導入したのがスライディングシートです。

一見すると風呂敷くらいの大きさの布で、筒状になっています。ハンカチのように折りたためますので邪魔にならず、常に身につけて必要になればサッと取り出せます。これはいろいろな場面で使えます。

例えば、ベッドにずっとフラットな姿勢で寝ていますと天井しか見えません。そこで、なるべく頭を上げます。しかし、そうすると体がずり下がりがちになります。それを元の位置まで引き上げようとするとベッドとの摩擦が生じるため、職員にとって大変な作業になります。

ベッドとの摩擦が生じるということは、入居者にとっても、皮膚にも摩擦が生じるということです。すると皮膚の疾患につながります。皮めくれや褥瘡の原因にもなるわけです。ところがスライディングシートを使いますと、力をあまり入れなくても引き上げ

ることができます。滑りのいい布ですのですっと背中側に差し入れることができて、布の上をすべらせるように引き上げることができます。

厚生労働省社会援護局の福祉人材確保室から三人来て、福祉用具の実際を見学された時には、私がモデルになってスライディングシートを体験しました。怖さや痛みはまったく感じませんでした。積極的な看護技官も体験し「全然負担がないですね」と言っていました。

ベッドから車いすへ、ポータブルトイレへ、車いすから便座に移乗する時にも使えます。トイレの場合は汚すこともあります。頻繁に洗濯しますと傷みますが、在宅へ訪問しているヘルパーに聞いたところ「そういうときは、代わりにごみ袋を使います」という返事でした。それもなぜか、西尾市のプラスチック用(緑色)のごみ袋が滑りがよく、使いやすいというのです。その都度捨てられますので、大便のときはそれが良いと思いました。

ヘルパーのケア力は見事です。こうしたヘルパーたちの知恵や技術を、施設でも勉強させてもらう試みも進めています。

このようにスライディングシートはいろいろな用途に使えますので、部署に関係なく、身体接触のある全職員に行き渡らせようとしています。価格も一枚数千円程度です。全職員分となればそれなりの金額にはなるでしょうが、職員が体を痛めることを思えば徹底すべきでしょう。

若い職員は体力がありますので、「せ〜の」でやってしまった方が早いと考えがちです。導入を迷っている間にも、腰を痛めている職員がいるかもわかりません。改善は待ったなしです。素早い決断、行動が私の流儀です。全職員への教育を終え、核となる指導者の育成に取りかかりました。

◉介護マイスター制度

国はいま、社会保障の基礎構造改革を進めています。ならば、せんねん村も今までの延長線上ではだめだと思います。せんねん村も基礎構造改革をして対応していこうという考えです。

介護業界では、久しく人材不足が叫ばれています。人がなかなか集まらないという話を、私もあちこちで耳にします。

「大規模商業施設ができて、みんなそちらに行ってしまうからなり手がないんだ」

外部環境のせいにしますが、大規模商業施設がなくなるとは考えられません。今後ますます、人材が不足することは目に見えています。外国人労働者を入れようという動きもありますが、それでも十分ではありません。外部環境を恨んでも、物事は改善しません。

では、せんねん村はどうするか。この機に大きく方向転換をして、高校卒業の人材も採用しようと動き出しています。

きっかけは、平成二十八（二〇一六）年の新春です。私が理事をしている一般社団法人日本介護福祉経営人材教育協会の新年会があり、翌日には月刊『致知』を発行している致知出版社主催の新年講演会で、バリアフリーが専門の東京大学の福島智教授や大和ハウス工業の樋口武男代表取締役会長兼ＣＥＯの講演を聴くことになっていました。

新年会には学者や学長などそうそうたるメンバーが集まっていて、いつもの理事会とは違った趣きで話ができました。その席で、公益財団法人テクノエイド協会の大橋謙策理事長から、次のような話を聞きました。

高校卒業後、二年間通う介護福祉専門学校では介護職を年間五千人養成しています。ただし、介護の仕事に就くのはそのうちの半分。一方、全国の介護を教えている高校を卒業してくるのは年間一万人。しかもその全員が介護職に就くというのです。

そこで、高校生を採用して育てたらどうかという考えが浮かびました。介護を学ぶ高校は全国に点在していて、いなかの西尾に来てくれる人は多くないでしょう。それなら、普通科出身でも、フレッシュな新卒を採用して、徹底してせんねん村のケアを教育していこうと考えました。

幸い、現状では介護の仕事に就くのに介護福祉士の資格（国家資格）は必須ではありません。ゼロから教育して資格を取ってもらい、大学進学を希望する子がいれば、福祉系大学なら奨学金をもらって社会福祉士の資格を取ってもらうのもいいでしょう。

全員が熟練職員ばかりでは人件費も右肩上がりになりますが、高校生を採用することで現場に適度な新陳代謝も生まれます。

理事会から帰ってすぐに、せんねん村の幹部に話しました。

「いいですね。その方が人が集まりますすね」

彼らもすぐ反応してくれました。

ドイツは、第二次世界大戦後に「マイスター」という制度を導入しました。腕に覚えのある、その道の専門職です。実業をなりわいとする彼らは、大学へは行かず早くから自分の道を究めていきます。技術を覚えるなら早い方が良いのです。この制度が「ドイツ製品の品質を向上させた」と言われています。ちなみに、介護保険制度は世界で最初にドイツが導入しました。

せんねん村でも、この制度をまねすることにしました。福祉機器マイスター、テクノエイドマイスター、安全管理マイスターといった具合です。その分野を特に勉強した人に「マイスター」の称号を授与します。

いずれは、技能五輪のように介護業界で技術の全国大会ができると励みになるでしょう。モチベーションをあげることを常に考えていかなければならないと思っています。

このことを厚生労働省老健局長（平成二十八年七月退任）の三浦公嗣さんに話しました。

「ユニフォームの色を変えるといいよ。〝見える化〟だよ」

目に見える形にすることで自身の誇りになるでしょうし、「次は自分も」と励みになるでしょう。複数のマイスターを取得したなら、袖にラインを入れるのも良いでしょう。

せんねん村も開設から十五年たって、熟成してきました。各ユニットに一人ずつくらいなら、未経験者であっても手厚く教育していけるくらいの力量は持っています。

ここまでよく育ったと感動もしますが、ぼやぼやしていたらすぐ劣化してしまいます。ここでもう一段ジャンプするために、フレッシュな人材を皆で育てるのです。はかったかのようなタイミング、好機だと思っています。

人材教育の一環としてリーダー研修に送り出すと、べた褒《ほ》めされることが増えました。

「せんねん村の子は良い。リーダーシップをとっていてすごい」

あまり褒められると気色悪いと思いながら、ここまで来たらもっと上を目指したいと思うのが私です。常に「見習うべきはあそこだ」と言われる存在でありたいと思います。

◉せんねん村の基礎構造改革

国の政策は、時代ごとに変化します。介護に関しても、介護保険法は五～六年単位で見直され、介護の在宅シフトが強く打ち出されていると思っていましたら、「介護離職をなくすために」と施設を造る方に方向転換しています。

政策が変わりますと「これでは困る、国は現場を分かっていない」という声が必ず出ます。しかし、変わるのは当たり前です。国はこの先の人口推移を予測していますが、予想を超えた速度で変化しています。変えざるを得ないのです。

第6章の冒頭でもふれましたが、日本ほど超スピードで超高齢化に突入していく国はどこにもありません。つまり、人類未踏のところを走って行かなければならないのです。人類未踏ですからどうなるかよく分かりません。走りながら考えなければいけないわけです。その状態がずっと続くということです。

団塊の世代が七十五歳以上になる「二〇二五年問題」が話題になっていますが、国は既にその先の二〇四〇年をみすえて、社会保障基礎構造改革を進めています。団塊ジュニア世代が現役を引退して六十五歳を迎え出す時期です。

内閣府に改革室がおかれ、社会保障基礎構造改革がスピードアップしているのを見ますと、政府の本気度が伝わってきます。強引と思われるようなリーダーシップで進めないと、国が滅びてしまうというところまで来ているのです。

団塊の世代や団塊ジュニア世代の高齢化が一段落したら落ち着くかもしれませんが、その時にはまた別の課題が持ち上がっているはずです。つまり、国の政策は変わるのが当たり前なのです。変わらない方がおかしいと受け止めています。

そこで、せんねん村の基礎構造改革に関してもう少しお話しします。

先の致知出版社の新年講演会で聴いた、大和ハウス工業の樋口武男さんの話も非常に興味深いものでした。

大和ハウスは、プレハブ住宅の原点となる『ミゼットハウス』を昭和三十四（一九五九）年に開発。建物を工場で生産して工期の短縮を図り、〝三時間で建つ勉強部屋〟として爆発的ヒットを飛ばしました。

樋口さんは大和ハウスの創業者から、どこへ行くにも同行して、育て、教えられたそうです。その創業者がまだ元気な時に、米の減反政策がありました。そして、その時に大和ハウスは流通店舗事業を手掛けました。減反政策が進めば遊閑地が生まれます。そこで、不動産の有効活用を希望する土地のオーナーと新事業展開の拠点を求める企業、両者のニーズを結び付ける事業を進めたのです。

流通店舗事業の好事例が、ユニクロです。全国におよぶユニクロの多店舗展開を、土地を探し、提案し、工期短縮で建物を建てて支えました。ファーストリテイリングの柳井正代表取締役会長兼社長が、「ユニクロがここまで来られたのは大和ハウスのおかげ」と頭を下げられたというのもうなずけます。

この話を聞いて思いました。国が政策を変えた時にすかさず気づいて対応したことが、大和ハウスにとって飛躍のチャンスになったのです。私たちの仕事も同じです。国が介護に関する政策を転換したからといって、目先の介護報酬の点数にとらわれている場合ではありません。国が社会福祉の基礎構造改革を行うなら、こちらも基礎構造改革を行うべきです。環境変化に対応して進化していくべきなのです。

そのことに遅まきながら気づかされました。気づくのが遅いと反省しつつも、間に合って良かったと思っています。

◉専門性と互換性

せんねん村の基礎構造改革を始めるにあたり、もう一つふれておきたいことがあります。キーワードは、専門性と互換性です。

一般社団法人「これからの福祉と医療を実践する会」の平成二十八（二〇一六）年の新年例会に、老健局長の三浦公嗣さんを招いた時のことです。私はこの会の理事長を、平成二十二（二〇一〇）年から務めています。

その席で三浦さんは「これからの介護のキーワードは、専門性と互換性だ」と話されました。例えば、シーツ交換やお膳運び、各ユニットでの食器洗いをするなら介護福祉士の資格は不要です。

病院など医療現場には、看護師以外に患者の身の回りを世話する介護的な役目を担う看護助手がいます。介護の現場にも同様に、介護福祉士のほかに介護助手がいて良いということです。資格のない人でもできることは任せましょうというのは、互換性、つまり置き換えのひとつです。

また、看護師の中には特定の分野についてさらに勉強した専門看護師や認定看護師が存在します。そうした看護師には一定の医療行為が任されます。いわばミニドクター的存在で、これも互換性のひとつです。

テクノエイド協会の大橋理事長の話、大和ハウス工業の樋口会長の話、三浦局長の話などが同時期に私の中に入り、もやもやとしていたものがパッとクリアになって一つの形になったのが、平成二十八年春のことでした。

介護の現場で働く人は、必ずしも介護福祉士の資格をもっていなくても良いという現状があります。私はかねがね介護の社会的地位が上がらない原因は、ここにあると言ってきました。何とか、そこを改革したいという思いもあります。

「介護職員を育てるなら、大学卒業にこだわる必要はない。高校卒業でもいい」

「フレッシュな人材を採用して徹底的に鍛え、教え、専門職に育てて資格も取ってもらおう」

今回の挑戦が、せんねん村の基礎構造改革につながることを祈っています。

◉技術伝承と制度改革

平成二十五（二〇一三）年の伊勢神宮の式年遷宮を、ご記憶の人も多いでしょう。これは、二十年に一度、正殿などを新たに造り替え、大御神に新宮へお遷りいただくお祭りです。一般には節目の年が注目されますが、それ以前に八年もの歳月をかけてお祭りや行事が行われていくそうです。

これを繰り返してきたおかげで、伊勢神宮には原初の技術などがすべて伝えられています。一方、法隆寺は世界最古の木造建築ですが、建て替える技術はもう残ってはいません。

こうしたことを考えますと、組織も長くて二十年、できれば十五年くらいで次の準備をしていくべきだと思います。せんねん村はちょうど開設して十五年です。十五年といえば、昔なら元服《げんぷく》です。またここで、大きく変わる時期が来ています。

これまで現場で職員たちと多くの時間を共有し、部署長が抱えている問題も分かち合ってきました。お互いに育ち合い、悩みも相談してくれる関係になり、彼らの心情がいまどうなのかまでわかり合えるまでになりました。まさに〝継続の力〟です。

部署長たちの最近の悩みを聞き、早速コミュニケーション研修を実施しました。ユニットリーダー研修だけでは分からない、そもそも「リーダーシップとはどういうものか」を学び、自らが育つ機会をもてるようにしてあげたいという考えからです。

若い人が夢を描き、将来設計ができるようにすることも私の責任です。十年後のせんねん村の姿を〝見える化〟することも重要です。

昨今は親や恋人、小さい子どもが殺される悲惨な事件が頻発しています。世間を変えるほどのことはできなくても、せんねん村にいるパパたちママたちが、安心して子育てを楽しめるような環境をつくりたい。

託児所や児童クラブはもちろん、共働きをしないと豊かな暮らしができない世相に合わせて、人事システムも変えていかなければいけないでしょう。キャリアアップの道筋（キャリアパス）も常に見直しが必要です。取り組むべき課題は山積していますが、スピード感をもって進めていきます。

制度改革を進める場合、外部のコンサルタントを頼む法人が多いと聞きます。せんねん村はそれをしません。社会福祉法人愛知県社会福祉協議会の福祉人材センターには相談や援助をずっとお願いしていますが、全部お任せという形はとっていません。コンサルタントがつくったものですと、与えられたものになってしまうからです。

幹部たちには言っています。

「自分たちで考えなさい」

せんねん村は、何もないところからスタートし、育ってきました。よそを参考にするのは良いけれど、「こういう組織・法人にしたい」というものは、自分たちで夢を語り合ってつくっていくべきと考えています。

ここまでの十五年、よく頑張り、よく走り、よく育ってきました。それをうれしく思いながらも、ここで手を緩めてはいけません。「せんねん村、もうちょっと頑張れ」と神さまが背中を押してくださっている気がします。

◉ダイバーシティー

せんねん村では、弱視や難聴といった身体的障がいのある人も採用しています。この間は七十歳の人を採用しました。若い人には若い人の良さがありますが、世代が近いとケアを受ける側のことが良く分かることも多いようです。それぞれの個性を発揮してもらいたいと思っています。

最近は職員たちと「ふところの深い法人になりたい」という話をします。目指すのは、ダイバーシティー中のダイバーシティーです。ゆくゆくは障がい児保育の子どもたちの就労の受け皿にもなりたいですし、一般財団法人自治体国際化協会（CLAIR）が推進する多文化共生事業の子どもたちの就労の場所も、せんねん村になるかもしれません。

ハワイで、グループホームを併設した自然農法レストランを見学したことがあります。障がいを持った子どもたちがレストランで働き、パフォーマンスを披露していました。

西尾は田畑が多く、ハワイのようなことができる環境が整っています。せんねん村単体では難しいですが、地元のＮＰＯ法人などと協力すれば可能性は広がります。無農薬栽培などを実践すれば体に良いものが収穫でき、話題性もあるでしょう。

障がいをもった人も、老いも若きも、性同一性障害やＬＧＢＴ（性的マイノリティー）の人も、それぞれに活躍できる場づくりが目標です。

せんねん村では、性同一性障害の人もかなり早い段階で採用しました。平成十八（二〇〇六）年四月一日に入社したその人は、面接で最初からカミングアウトしました。

私はいろいろな集会などに顔を出していたおかげで多様な考え方にふれる機会があり、性同一性障害やＬＧＢＴについても知っていましたので驚きませんでした。そこで「うちは性同一性障害だからといって差別することはありません」とハッキリ言いました。

「よく勉強してみましょう。知りもせずに最初から否定するのはよくありません」

当初、総務課はびっくりしていました。歴史をたどりますと、江戸時代には「末成《うらな》り」と言われる存在がありました。また、戦国時代の殿様は戦場に小姓《こしょう》を伴っていました。

女人の立ち入れない戦場で女性に代わって身辺に仕えていたと言われます。子どもの頃から本を読んで、古いことを知っているのも役に立ちます。本の中には、男でもなく女でもないという存在が結構出てきます。

昔から、性的マイノリティーの人は存在していました。まして、本人がそう生まれたくて生まれてきたわけではありません。それはその人の個性です。彼らがせんねん村で働けないのはおかしいというのが私の理屈です。

はじめは、ロッカーの場所をどうするかといったことから担当者は私に相談してきました。私も分からないので言いました。

「ごめんなさい。経験がないので、あなたにとって一番落ち着ける環境を教えてください。例えばロッカーはどうしたらいいですか、と本人に聞けばいいでしょう」

素直に尋ねれば良いのです。ダイバーシティーが声高に叫ばれる前から、せんねん村はこのようにやってきました。彼はその後、何かにつけて私に報告してくれます。現在は結婚して、夫婦で勤めてくれています。

◉IT活用でコスト削減プラスサービスの質向上

サービスの質を落とさずに、コスト削減を図るということもこれまで以上に今後の大命題の一つです。「サービスの質をあげればコストは下がる」という話は、アメリカの経営学者が言いはじめたと聞いています。

一見、矛盾しているように聞こえますが、アメリカの病院ではそれを実現しています。ＩＣＴ（情報通信技術＝インフォメーション・アンド・コミュニケーション・テクノロジー）を活用したものでした。グループ内の六つの病院をネットワークで結び、放射線画像を瞬く間に送って放射線医が診断してすぐに返事をします。各病院に放射線医を二十四時間勤務させる必要がなくなりました。大幅な人員削減です。

コストには、目に見えるコスト以外に時間コストもあります。「時は金なり」ではありませんが、時間コストのウエイトは大きいのです。そこで当時のＴＡＯ（通信・放送機構）の補助金を活用して、平成十三（二〇〇一）年から情報ネットワークを張り巡らせました。総務省も少子高齢化や地域経済の活性化などに対応するために、ＩＣＴの活用促進をうたっています。

せんねん村にはボイスメールサービスやＬＡＮが構築され、承認を受けた職員はインターネットのアドレスを持つこともできます。外部にデータが流出しないように、セキュリティについてもさらに見直しを進めています。

情報ネットワークを張り巡らせた、せんねん村の事例をお話しましょう。

せんねん村にお客さまが来た時のことです。受付が「いらっしゃいませ、お待ちしておりました」と申し上げたので驚かれました。「今日はこういう人がみえる」という情報が共有できているわけです。来た人には「すごく感じがいい、サービスの質が高い」と感じてもらえます。

従来のように、お客さまが名乗られ、「お待ちください」と言ってから内線電話で担当者を呼び出して……とやっているのとは大違いです。これはほんの小さな一例です。法人の収支など、経営・会計に関わる情報の共有も徹底しています。職員なら誰でもアクセスして見ることができるようにしています。

社会福祉法人としての公益性を考えれば、情報公開は当然です。〝地域社会の公器〟ととらえています。

◉委ねる

よく、「中澤さんは何でも自力で切り開こうとする」と言われます。しかし、ヨガを学んで委ねた方が何かとうまくいくことを実感するようになりました。いまは自然に委ねることが、一番ではないかと思っています。

委ねるとはいうものの、何も努力をせずにただただ天に任せるのではダメです。「人事を尽くして天命を待つ」と言いますが、やるだけのことを一所懸命やり、これ以上のことはできないというところまでやれば必ず道は開けていく。それで良いと思うのです。

委ねるのには覚悟がいります。自分でやるのとは勝手が違い、時にはハラハラライラもします。しかし、どんなことがあろうと構わない、私は受け入れますという覚悟をもつのです。これは〝諦め〟とはまったく違います。

人に対して、そういう態度がとれるようになってきたように感じます。難病を患ったことで、自分自身がもう一歩成長した気がします。

多くの職員が伴走してくれたおかげで、「特養をつくりたい」と願った夢は実現し、ここまで成長することができました。十五年の節目を超え、目の前には新たな大地が開けています。ひるむことなく精いっぱいやり抜き、皆さんと共にさらに歩を進めていきたいと思っています。

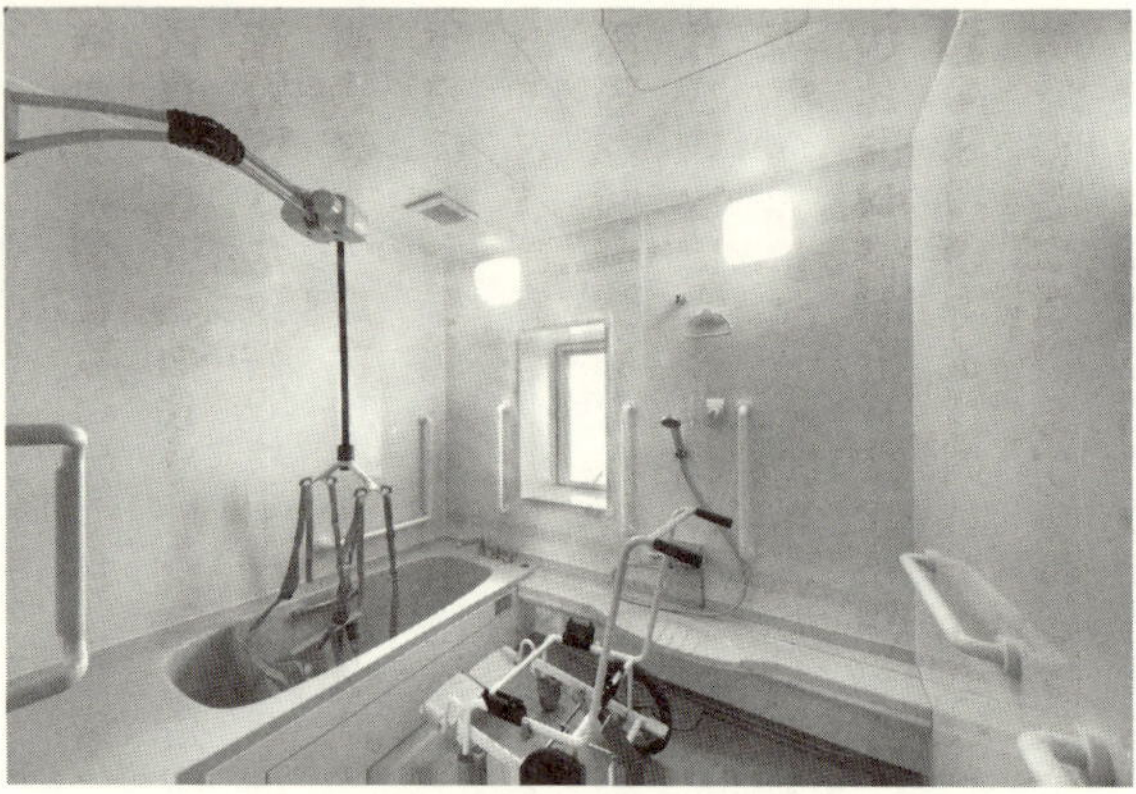

福祉機器ー入浴リフト

「踊ろっ茶・西尾!!」の一般部門でグランプリを獲得したスタッフ

あとがき

「せんねん村の本を出しませんか」

懇意にしてきました中部経済新聞社からお声をかけていただいてからの年月は、私の生涯にとっても実に劇的で新たな転機となった期間でした。何度も挫折しそうになりながら、やっとたどり着いたという感慨があります。

病に倒れ、患者数が少なく、かつては〝奇病〟と呼ばれた難病と診断され、今も油断のできない日々です。それでも好きな仕事・愛する職場に復帰でき、そして愛するせんねん村の本を完成することができました。

この本は、せんねん村が生まれたいきさつやマネジメントのことだけでなく、ケアに対する思い、そして、私の出自にまで触れています。今の私の存在に、生まれ育ちが大きく影響していることを思わずにはいられないのです。

若い人たち、特に介護に携わる方たちや介護のことをもっと詳しく知りたいと思っていらっしゃる方々に手にとっていただきたいという思いをこめた、専門書ではない〝小さな本〟です。

ケアに関しては、日々思考が深まり、今も私論というべきものが生まれてきています。それほどにもケアには奥深いものがあります。探究し追究するに足る仕事ですが、残念ながら、現場に根ざして実践されているケアについて、特にユニットケアについて明らかにされている書物は少ないと思います。この本は、常に現場に身をおいて実践してきた医療・介護・福祉の専門資格を持たない一生活者が取り組んできたケアサービスに関する追究の記録です。

せんねん村では、追究することが習慣になっています。スタッフは常にチームでふりかえり、もっと良い方法はないかと模索し、話し合い、行動に移します。簡単に言えば、PDCAのサイクルがいくつも同時に回っていて、歯車のようにかみあい、常に上向きのベクトルが働いているといえるでしょう。

これらのことは、本書には詳しくは書いていません。専門的になりすぎるので、あえてカットしました。「なんだろう？　この本」と思いつつ、気軽に手に取り、バッグに入れて持ち歩き、どこででも読めるケアの本ができたと嬉しく思っています。

この本が完成するまでに、多くの方々のご支援やご協力、アドバイスをいただきました。深く感謝申し上げます。特に、中部経済新聞社事業部の杉浦成之氏には、数回の入院のつど中断せざるを得なかったのですが、私の体力が回復するのを辛抱強く待ってくださいました。優しく時に厳しく、編集者としての彼の存在がなければ、この本は日の目を見なかったことでしょう。

挿入した写真や様式類は全てスタッフの協力によるものです。どれも職員の手になるもので、彼らとともに成長してきた〝帳票〟と言えましょう。ご参考になり、活用していただければ幸いです。

何事も徹底し追究することを求めています。日ごろ情報管理の大切さを伝えてきたことが、誠実に実行されていることを改めて確認でき、新たな感慨と感謝の念をもちました。

ここまで来るには、十五年の歳月が必要でした。ここまで来たかという感慨と、まだまだ伸びる底力を職員の中に見出す嬉しさは言葉にできません。私はこれまでと同様に学びを現場に伝え、実践し、継続する営みを続けたい、いのちのある限りと願っています。

せんねん村の理念は、すべての人々に通じるものだと思っています。病を得たわが身をふりかえって、そう確信しました。手にとってくださったお一人おひとりのいのちがきらきらと輝き、いきいきと毎日を過ごされますように。

東の山並みから顔をのぞかせた朝日を浴びながら。感謝・合掌

筆　者

平成二十九年三月吉日

著者略歴

中澤明子（なかざわ・めいこ）

1943（昭和18）年、満洲・新京特別市に生まれる。

父は満洲航空パイロット。終戦で、母と17歳年上の兄に守られて、２歳のときに両親の故郷である現在の西尾市に引き揚げる。大陸的な家風の下、両親と兄の愛情を一身に集めて、のびのびと育つ。以来、西尾市が主たる居住地。夫は整形外科医。1967（昭和42）年９月、夫の開業に伴い、事業専従者として事業企画・総務的事務・渉外などすべて学びながら手掛ける。医療法人化、社会福祉法人設立などを経て、現在は、社会福祉法人せんねん村総合施設長。

日舞、社交ダンス、水泳など体を動かす趣味は多かったが、健康保持のためのヨガが主になっている。幼いころから本好き、また人が好きで、人の話を聴くのも好き。自分の仕事は天職だと信じている。

いのちの輝《かがや》きにふれていたい
特養《とくよう》「せんねん村《むら》」魂《たましい》のきずな

平成29年３月19日　初版第１刷発行

著　者　中澤明子《なかざわめいこ》

発行者　永井征平

発行所　中部経済新聞社
名古屋市中村区名駅四丁目４番10号　〒450-8561
TEL.052-561-5675（事業部）

印刷所　プリ・テック株式会社
製本所　有限会社笠松製本所

ISBN978-4-88520-208-7